나의 첫 알고리즘+자료구조

with 파이썬

나의 첫 알고리즘 + 자료구조 with 파이썬

누구나 쉽게 배우는 알고리즘 + 자료구조 입문서

초판 1쇄 발행 2023년 11월 1일

지은이 코리 알트호프 / **옮긴이** 한선용 / **감수자** 박상현 / **펴낸이** 전태호
펴낸곳 한빛미디어(주) / **주소** 서울시 서대문구 연희로2길 62 한빛미디어(주) IT출판1부
전화 02-325-5544 / **팩스** 02-336-7124
등록 1999년 6월 24일 제25100-2017-000058호 / **ISBN** 979-11-6921-144-4 93000

총괄 배윤미 / **책임편집** 이미향 / **기획 · 편집** 박새미 / **교정** 김희성
디자인 최연희 / **전산편집** 이경숙
영업 김형진, 장경환, 조유미 / **마케팅** 박상용, 한종진, 이행은, 김선아, 고광일, 성화정, 김한솔 / **제작** 박성우, 김정우

이 책에 대한 의견이나 오탈자 및 잘못된 내용에 대한 수정 정보는 한빛미디어(주)의 홈페이지나 아래 이메일로
알려주십시오. 잘못된 책은 구입하신 서점에서 교환해 드립니다. 책값은 뒤표지에 표시되어 있습니다.

한빛미디어 홈페이지 www.hanbit.co.kr / 이메일 ask@hanbit.co.kr
자료실 www.hanbit.co.kr/src/11144

지금 하지 않으면 할 수 없는 일이 있습니다.
책으로 펴내고 싶은 아이디어나 원고를 메일(writer@hanbit.co.kr)로 보내주세요.
한빛미디어(주)는 여러분의 소중한 경험과 지식을 기다리고 있습니다.

누구나 쉽게 배우는 알고리즘+자료구조 입문서

나의 **첫**

알고리즘+
자료구조

Python

with 파이썬

코리 알트호프 지음 / **한선용** 옮김 / **박상현** 감수

한빛미디어
Hanbit Media, Inc.

저는 대학교에서 정치학을 전공했습니다. 졸업하고 한동안은 정치학보다 더 실용적인 분야를 전공한 친구들이 취직하는 모습을 지켜보며 때때로 '나는 루저구나'라는 생각을 하기도 했습니다. 당시 살았던 곳이 실리콘 밸리였기 때문에 주변에는 항상 코딩하는 사람들이 있었고, 자연스럽게 프로그래밍을 배우기로 결심했습니다. 그때는 알지 못했지만 정치학 전공자가 프로그래밍을 배운다는 무모했던 결정이 저의 삶을 크게 바꿔 주었습니다.

사실 그전에도 프로그래밍에 도전했었습니다. 대학교 신입생 시절, 프로그래밍 과목을 수강했지만 전혀 이해할 수가 없어서 바로 포기했었죠. 불행하게도 학교에서 처음 배운 프로그래밍 언어는 자바였고, 비전공자인 제가 이해하기에는 너무나 어려운 언어였습니다. 그래서 이번에는 자바 대신 파이썬을 선택했습니다. 하지만 다시 포기하고 싶을 만큼 여전히 어려웠습니다. 파이썬과 관련된 정보를 얻을 곳이 많았지만, 그 정보를 직접 하나로 모으는 작업도 쉬운 일이 아니었습니다. 혼자 해내야 한다는 압박감 역시 부담스러웠죠.

다시 포기하고 싶다는 생각이 들 때쯤 저는 스택 오버플로우Stack Overflow 같은 온라인 프로그래밍 커뮤니티에서 시간을 보내기 시작했습니다. 커뮤니티에 가입하면서 다시 한번 열심히 해 보자는 생각을 했던 것 같습니다. 결국 공부를 시작하고 채 1년도 되지 않아 이베이 소프트웨어 개발자로 취직했습니다. 물론 저 스스로도 믿을 수 없는 성공이었습니다. '내가 개발자가 됐구나'라고 생각하니 이제 무엇이든 할 수 있을 것 같았습니다.

많은 사람들이 소프트웨어 개발자로서의 경험에 대해 묻기 시작했습니다. 실리콘 밸리에서 소프트웨어 개발자로 일했다는 것 자체보다는 '컴퓨터 공학을 전공하지 않았다'는 점이 특별했죠. 그래서 책을 쓰기로 결심했습니다. 『The Self-Taught Programmer(독학하는 개발자)』라는 책에 프로그래밍을 포함해 제가 소프트웨어 개발자로 일하기까지 터득한 모든 것들을 담았습니다. 저와 같은 길을 걷는 사람들을 돕고 싶어, 독학으로 개발자가 되려는 사람들을 위한 로드맵을 만들었습니다. 어렵사리 책을 출간한 후 몇 달이 지나지 않아 수많은 사람들이 제 책을 찾아 주었고, 독학으로 개발자가 된 사람이나 그렇게 되고자 하는 사람들이 제게 메시지를 보내기 시작했습니다.

전 세계에서 쏟아지는 독자들의 메시지를 받고 나니 용기가 생겼습니다. 혼자 프로그래밍을 배우는 동안 느꼈던 '고독함'이라는 또 다른 어려움을 해결할 수 있도록 돕고 싶었습니다. 그래서 개발자들이 모여 서로를 격려하고 도울 수 있는 페이스북 그룹, Self-Taught Programmers를 개설했습니다. 이 페이스북 그룹은 30만 명 이상의 독학하는 개발자들이 질문하고, 자신의 지식과 성공담을 공유하는 커뮤니티로 성장했습니다.

예전에는 컴퓨터 공학 전공자가 아닌 사람이 개발자가 된다고 하면 불가능하다는 부정적 의견이 지배적이었습니다. 최근에는 달라졌죠. '독학하는 개발자'는 전 세계, 수많은 회사에서 다양한 모습으로 일하고 있습니다.

프로그래밍을 배우려는 사람들과 교류하는 것이 아주 기쁜 일이었기에, 이 책에서 시작된 여정을 계속하고 싶어졌습니다. 『나의 첫 알고리즘 + 자료구조 with 파이썬(The Self-Taught Computer Scientist)』은 제가 처음 집필한 『비전공자가 궁금해하는 프로그래머 첫걸음(The Self-Taught Programmer)』(2017)에서 이어집니다. 자신이 아직 프로그래밍의 기본을 이해하지 못한다고 생각한다면 『비전공자가 궁금해하는 프로그래머 첫걸음』을 먼저 읽어 보기 바랍니다.

이 책은 독자가 파이썬을 이해하고 있다는 가정 하에 집필되었습니다. 프로그래밍할 자신이 없다면 책이나 강의, 또는 가장 좋아하는 방법으로 파이썬부터 먼저 학습하기를 권합니다.

코리 알트호프

"알고리즘 + 자료구조"를 공부해야 하는 이유

『독학하는 개발자』에서는 프로그래밍을 소개하고 프로그래밍을 위해 필요한 개념을 설명하지만, 『나의 첫 알고리즘 + 자료구조 with 파이썬』에서는 컴퓨터 과학에 관한 내용을 다룹니다. 구체적으로는 알고리즘과 자료구조에 대한 내용입니다. 컴퓨터 과학은 컴퓨터가 어떻게 작동하는지를 연구하는 학문입니다. 소프트웨어 개발자가 되기 위해 대학교에 입학하면 프로그래밍이 아니라 컴퓨터 과학을 배우죠. 컴퓨터 과학을 전공하는 학생들은 컴퓨터 아키텍처와 운영체제, 컴파일러, 알고리즘과 자료구조, 네트워크 프로그래밍 등을 배웁니다.

각각의 주제들은 아주 길고, 자세하게 설명해야 할 내용이므로 이 책에서는 모두 설명하지 않습니다. 매우 방대한 주제인 컴퓨터 과학은 아마 평생을 공부해도 부족할 것입니다. 이 책의 목표는 전공 학위가 아니라 컴퓨터 과학의 핵심 개념을 간략히 소개하고, 다양한 상황에서 독학하는 개발자들이 뛰어난 능력을 발휘할 수 있도록 돕는 것입니다.

PART 01에서는 알고리즘을 소개합니다. 알고리즘이 무엇인지, 좋은 알고리즘의 이유와 선형 탐색이나 이진 탐색과 같은 여러 알고리즘을 설명합니다. PART 02는 자료구조를 다룹니다. 자료구조가 무엇인지, 배열이나 링크드 리스트, 스택, 큐 등의 개념을 설명합니다. 쉬운 예제와 상세한 설명, 독학 멘토의 성공 사례를 통해 여러분도 독학하는 개발자가 될 수 있습니다. 마지막에는 책을 다 읽은 후 해야 할 일과 더 배워볼 만한 것, 프로그래밍 학습에 도움이 되는 자료들도 소개하니 참고하기 바랍니다.

개발자가 되기 위해 반드시 컴퓨터 과학을 공부해야 하는 것은 아니지만, 좋은 개발자가 되려면 반드시 컴퓨터 과학을 공부해야 합니다. 기술 면접에 응시하다 보면 알고리즘과 자료구조에 관한 질문을 받게 될 것입니다. 어떻게든 기술 면접을 통과해 개발자로 입사했다고 합시다. 직장의 동료들은 모두 여러분이 컴퓨터 과학의 기본은 알고 있을 것이라고 생각할 것입니다. 제가 이베이에 처음 입사했을 때 겪었던 경험입니다. 모두가 컴퓨터 과학을 깊이 이해하고 있었고, 저는 '내가 잘못된 곳에 있구나'라는 불안감에 떨어야 했습니다. 알고리즘과 자료구조를 충분히 공부하지 않고 소프트웨어 업계에 뛰어든 것이 제가 저지른 가장 큰 실수라고 생각합니다.

컴퓨터 과학은 방대한 주제입니다. 학교에서 컴퓨터 과학을 4년이나 가르치는 데는 그럴 만한 이유가 있습니다. 배울 게 아주 많다는 뜻이죠. 하지만 컴퓨터 과학을 배우기 위해 4년이나 투자할 시간이 없다고 생각할 수 있습니다. 다행스럽게도 꼭 4년이나 되는 시간이 필요하지는 않습니다. 소프트웨어 개발자가 되기 위해 알아야 할 가장 중요한 주제들을 집중적으로 학습하면 됩니다. 책에서 제시하고 있는 예제들을 충분히 연습하고 내 것으로 만들기 바랍니다. 이 책을 모두 읽고 난 다음에는 기술 면접은 물론, 전공자들과 한 팀에서 일하더라도 불안에 떠는 일은 없을 것입니다. 여러분은 저와 같은 실수를 하지 않길 바랍니다.

이런 독자에게 추천합니다

독학으로도 충분히 전문 개발자가 될 수 있습니다. 그러기 위해서는 컴퓨터 과학, 특히 알고리즘과 자료구조가 중요합니다. 4년이라는 시간이 필요하지 않다고도 말했죠. 컴퓨터 과학 전공자로서의 4년이 쓸모없다는 의미가 아닙니다. 제가 하고 싶은 말은 전공자가 아니어도 개발자가 될 수 있으니 용기를 가지라는 것입니다. 이미 학교에서 컴퓨터 과학을 전공하고 있다면 조금 더 가까운 출발선에 서 있는 것이라고 생각합니다. 전공자, 비전공자를 떠나 프로그래밍을 독학하는 사람들과 함께 '항상 공부하는 자세'를 갖는 것이 가장 중요합니다.

자신이 컴퓨터 과학을 배울 준비가 됐는지, 부족한지는 어떻게 알 수 있을까요? 쉽습니다. 컴퓨터 과학에 대해 더 알고 싶다고 생각했다면 누구든 시작할 수 있습니다. 전공 지식을 더 튼튼히 하고 싶은 사람, 개발 직군의 기술 면접을 준비하고 있는 사람, 개발자지만 직장에서 성장의 압박을 느끼고 있는 사람, 나아가 더 좋은 개발자가 되고 싶은 사람에게 권합니다.

컴퓨터 과학을 전공하지 않았지만 소프트웨어 개발자로 취직했고, 매일 독학하는 개발자들의 성공담을 듣고 있습니다. 전공 학위 없이도 얼마든지 개발자로서의 성공적인 커리어를 이어 나갈 수 있습니다. 어떤 사람은 이 사실을 이미 알고 있었죠. 본격적으로 컴퓨터 과학에 뛰어들기 전에, 독학으로 개발자가 된 사람들의 이야기를 공유하고자 합니다.

맷 먼슨 Matt Munson

이 이야기는 개발자가 되면서 노숙자 신세에서 벗어난 제 이야기입니다. 모든 일은 제가 핀테크에서 해고되면서 시작됐습니다. 생계를 유지하기 위해 별의별 일을 다 해야 했습니다. 직장을 잃고 학교에 등록했습니다. 집까지 비워 주고 난 다음에는 자동차와 텐트에서 지내며 공부를 이어 갔습니다. 타던 차를 팔아 치우고 정산받은 퇴직연금을 들고 새로운 기회를 찾아 고향을 떠났습니다. 일주일에 두세 번씩 채용 면접에 응시했지만 노숙자를 채용하려는 회사는 없었습니다. 제가 어떤 능력을 갖췄는지 관심도 없었죠. 이 상황에서 빠져나갈 수 있는 유일한 길은 개발자로 취직하는 것이었습니다.

마지막으로 한 번만 더 해보자는 생각을 했습니다. 조건을 따지지 않는 모든 회사에 이력서를 제출했습니다. 작은 스타트업에서 면접을 보러 오라는 연락을 받았고, 믿을 만한 사람으로 보이기 위해 최선을 다했습니다. 왜 오스틴에서 직장을 구하려 하는지 설명하고, 지금 당장은 아니지만 기회만 주어진다면 최고가 될 것이라는 의지를 강조하며 면접에 임했습니다. 하지만 면접장을 나설 때는 망했다고 생각했습니다. 포기하려는 순간, 두 번째 면접을 보러 오라는 연락을 받았습니다.

스타트업 대표는 제 정직함에 감명을 받아 기회를 주고 싶다고 했습니다. 회사에서 맡기는 일을 할 수 있을 것 같고, 회사에 다니면서도 꾸준히 배울 의지가 있어 보인다며 최종 합격 소식을 전했습니다.

취업을 한 지 1년이 지났고, 지금은 전보다 훨씬 더 좋은 아파트에서 살고 있습니다. 동료들도 저를 존중하고 종종 회사의 중요한 일에 대해 의견을 묻기도 합니다. 뭐든 할 수 있고, 무엇이든 될 수 있습니다. 모든 것이 무너지는 결말만 보이더라도 절대 도전을 두려워하지 마십시오.

티아니 마이어스 Tianni Myers

미디어 커뮤니케이션을 전공하며 대학교를 다닐 때, 웹 디자인 클래스를 수강하면서 독학을 시작했습니다. 당시 저는 글을 쓰는 데 흥미가 있었고, 나중에는 마케팅 분야에서 일하고 싶다는 꿈이 있었습니다. 하지만 프로그래밍을 배우면서 목표가 바뀌었습니다. 작은 가게의 점원이었던 제가 독학을 시작하고 1년 만에 웹 개발자가 된 이야기를 나누고자 합니다.

처음에는 코딩 학원에서 HTML과 CSS의 기본을 배우는 것으로 시작했습니다. 제가 처음 만든 파이썬 프로그램은 컴퓨터가 임의의 숫자를 선택하면 사용자가 세 번 안에 그 숫자를 맞추는 게임이었습니다. 이 프로젝트를 진행하면서 컴퓨터에 흥미를 느끼기 시작했죠.

21살 무렵의 저는 새벽 네 시에 일어나 커피 한 잔으로 하루를 시작했습니다. 하루 6시간에서 10시간 정도는 프로그래밍 책을 읽고 코드를 작성하는 데 할애했죠. 생계비를 벌기 위해 굿윌^{Goodwill}에서 아르바이트를 했지만, 하루 대부분의 시간을 제가 가장 좋아하는 프로그래밍을 하면서 보낼 수 있어 더없이 행복했습니다.

어느 날, 별생각 없이 인디드^{Indeed}에 이력서를 제출했습니다. 답을 받을 수 있을 것이라고는 생각하지 않았는데, 며칠 후 마케팅 에이전시에서 연락이 왔습니다. 인디드에서 SQL 능력 평가에 응시하고 전화 면접, 코딩 테스트, 최종 면접까지 보게 되었습니다. 면접관이 제 코딩 테스트의 답변과 독학해 온 사실을 알고는 크게 놀랐기 때문에 면접의 결과가 좋을 것이라고 예상할 수 있었습니다. 그리고 2주일 후 합격 통보를 받았습니다. 때로는 고통스럽고 바쁜 일상이 계속되더라도 꿈을 이룰 수 있습니다.

『나의 첫 알고리즘 + 자료구조 with 파이썬』100% 활용하기!

책을 처음부터 끝까지 독파하는 것은 쉽지 않은 일입니다. 가능한 한 재미있고 쉽게 읽을 수 있도록 안전장치를 마련했습니다. 자, 이제 컴퓨터 과학을 시작해 봅시다.

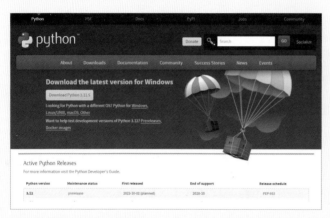

http://python.org/downloads

파이썬 설치하기

책에 수록된 예제를 따라 하려면 파이썬 ver.3이 필요합니다. 우분투 운영체제에서는 기본적으로 설치되어 있는 파이썬 ver.3을 사용하고, 윈도우나 유닉스 운영체제에서는 다음 링크에서 다운로드받아야 합니다. 파이썬 ver.2에서는 일부 예제가 실행되지 않을 수 있으니 참고하기 바랍니다.

https://facebook.com/groups/selftaughtprogrammers

이렇게 해결해 보세요!

문제를 만나면 '독학하는 개발자' 페이스북 그룹에 메시지를 남겨 보세요. 페이스북에 궁금한 코드를 작성해 글을 게시하거나 깃허브 기스트^{Gist}에 올리는 방법도 좋습니다.

```
a_list = [1, 8, 10, 33, 4, 103]
print(sorted(a_list, reverse=True))
```

실행 결과
```
[103, 33, 10, 8, 4, 1]
```

● **코드 & 실행 결과**

파이썬 코드로 작성된 예제를 통해 관련 개념을 명확하게 이해할 수 있습니다.

실행 결과가 없는 코드는 프로그램 자체가 결과를 출력하지 않거나 결과가 중요하지 않은 경우입니다.

--- 이 장을 마치며

용어 복습

- **반복 알고리즘** | 단계를 반복하면서 문제를 해결하는 알고리즘
- **재귀** | 문제를 더 작은 부분으로 나누고 결과를 조합해 전체 문제의 답을 찾는 문제 해결 방법
- **종료 조건** | 재귀 알고리즘이 무한하게 반복되지 않도록 종료하는 조건
- **팩토리얼** | 어떤 숫자 이하의 양의 정수를 모두 곱한 결과

연습문제

1. 1부터 10까지의 숫자를 재귀로 출력해 보세요.

자료실 https://hanbit.co.kr/src/11144

책에 제시된 파이썬 코드와 연습문제의 답은 자료실에서 확인할 수 있습니다. 학습에 참고해 보세요!

● **이 장을 마치며**

용어 복습

앞에서 배웠던 용어를 다시 한번 확인하며, 중요 개념을 이해할 수 있습니다.

연습 문제

각 챕터의 내용을 충분히 이해했는지 확인하고, 더 좋은 개발자가 되기 위해 훈련할 수 있습니다.

독학 멘토 **마거릿 해밀턴**

"
대학이나 고등학교에 진학할 동생을 둔 모든 친구들에게 내가 할 수 있는 최선의 조언은 프로그래밍을 배우라는 것입니다.

마크 저커버그 Mark Zuckerberg

● **독학 멘토의 조언**

성공한 독학 멘토의 사례를 읽고, 끝까지 포기하지 않는 용기를 얻을 수 있습니다.

목차

PART 01 알고리즘

CHAPTER 01 알고리즘이란?

CHAPTER 02 재귀

목차

PART 01

알고리즘

CHAPTER 01

알고리즘이란?

우주의 비밀을 파헤치든 21세기의 직업을 구하든 기본적인 컴퓨터 프로그래밍은 반드시 배워야 합니다.

— 스티븐 호킹 Stephen Hawking

알고리즘Algorithm이란 어떤 문제를 해결하기 위해 밟아 나가는 연속적인 단계를 말합니다. 예를 들어, 스크램블 에그를 만드는 알고리즘이라면 우선 계란 세 개를 그릇에 깨서 잘 섞은 다음, 프라이팬에 붓고 가열해 저어가며 익힌 후 팬에서 꺼내는 일련의 과정을 말합니다. PART 01 은 모두 알고리즘에 관한 내용입니다. 여기서는 소수 찾기와 같은 문제를 풀 때 어떤 알고리즘을 써야 하는지, 어떻게 알고리즘을 만들고 데이터를 탐색해 정렬해야 하는지 배울 수 있습니다.

이번 챕터에서는 두 개의 알고리즘을 비교하는 방법을 배웁니다. 개발자는 보통 알고리즘을 작성하고, 어떤 자료구조를 그 알고리즘에 적용할지 고민하면서 대부분의 시간을 보냅니다. 그렇기 때문에 개발자에게 어떤 알고리즘이 더 좋은지를 판단하는 것은 매우 중요한 능력입니다. 어떤 알고리즘을 선택해야 하는지 판단할 수 없다면 효율적인 개발자가 될 수 없습니다.

알고리즘은 컴퓨터 과학의 기본 개념이지만, 공식적으로 정의되지는 않았습니다. 알고리즘에는 여러 가지 정의가 있는데, 그중 가장 잘 알려진 것은 도널드 커누스Donald Knuth의 정의입니다. 커누스는 알고리즘을 '입력을 기반으로 출력을 생성하는 명확하고, 효율적이며 유한한 프로세스'라고 정의했습니다.

- **명확함**(Definiteness)이란 각 단계가 명료하고 간결하며 모호하지 않다는 뜻입니다.
- **효율성**(Effectiveness)이란 각 동작이 문제 해결에 기여한다는 뜻입니다.
- **유한함**(Finiteness)이란 알고리즘이 유한한 단계를 거친 후 종료된다는 뜻입니다.

여기에 **정확성**(Correctness)을 추가하는 경우가 많습니다. 알고리즘은 입력이 같으면 항상 같은 결과를 내야 하며, 이 결과가 알고리즘이 해결하는 문제의 정확한 답이어야 한다는 것입니다.

대부분의 알고리즘이 이 요건을 만족하지만 몇 가지 중요한 예외가 있습니다. 예를 들어, 난수 발생기^{Random Number Generator}를 만든다면 누군가 입력을 보고 결과를 짐작할 수 없는 무작위성^{Randomness}을 목표로 해야 합니다. 또한 데이터 과학의 알고리즘 중에는 정확성을 엄격히 따지지 않는 것도 많습니다. 추정 자체가 불확실하다고 알려진 알고리즘이라면 근삿값을 찾는 것만으로도 충분합니다.

하지만 이와 같은 몇 가지 예외를 제외한다면 알고리즘은 앞에서 말한 요건을 항상 만족해야 합니다. 스크램블 에그를 만드는 알고리즘을 작성했는데 때때로 오믈렛이나 삶은 계란이 만들어진다면, 이 알고리즘에 만족하는 사람은 없을 것입니다.

알고리즘 분석

한 가지 문제를 해결할 때 여러 가지 알고리즘을 사용할 수 있을 때가 많습니다. 리스트를 정렬하는 방법이 다양한 것처럼 말입니다. 여러 가지 알고리즘으로 문제를 풀 수 있다면 최선의 알고리즘은 어떻게 찾아야 할까요? 가장 단순한 것? 가장 빠른 것? 가장 짧은 것? 아니면 다른 기준이 있을까요?

실행 시간은 알고리즘을 평가하는 기준 중 하나입니다. 알고리즘의 **실행 시간**은 파이썬 같은 프로그래밍 언어로 만든 알고리즘을 컴퓨터가 실행하는 데 걸리는 시간을 말합니다. 예를 들어 보겠습니다. 다음은 1부터 5까지의 숫자를 출력하는 파이썬 알고리즘입니다.

```python
for i in range(1, 6):
    print(i)
```

다음과 같이 파이썬에 내장된 time 모듈을 사용하여 이 알고리즘의 실행 시간을 측정할 수 있습니다.

```python
import time

start = time.time()
for i in range(1, 6):
    print(i)
end = time.time()
print(end - start)
```

실행 결과

```
1
2
3
4
5
0.15141820907592773
```

프로그램을 실행하면 1부터 5까지의 숫자를 출력하고, 여기에 소요된 시간도 출력합니다. 이번에는 0.15초가 걸렸습니다.

프로그램을 다시 실행해 봅시다.

```python
import time

start = time.time()
```

```
for i in range(1, 6):
    print(i)
end = time.time()
print(end - start)
```

```
1
2
3
4
5
0.14856505393981934
```

프로그램을 두 번째로 실행하면 실행 시간이 달라집니다. 다시 프로그램을 실행한다면 실행 시간은 또 달라질 것입니다. 프로그램을 실행하는 순간 컴퓨터가 사용할 수 있는 CPU의 자원이 매번 다르고, 이 자원이 프로그램의 실행 시간에 영향을 미치므로 알고리즘의 실행 시간도 매번 달라지는 것입니다.

또한 알고리즘의 실행 시간은 컴퓨터의 성능에 따라 다릅니다. 처리 능력이 떨어지는 컴퓨터에서 실행하면 그만큼 느릴 것이고, 성능이 좋은 컴퓨터에서 실행하면 그만큼 빠를 것입니다. 프로그램의 실행 시간은 사용하는 프로그래밍 언어에 따라서도 달라집니다. 예를 들어 C 언어는 파이썬보다 실행 속도가 더 빠르기 때문에 같은 프로그램이라도 C 언어로 작성하면 실행 시간이 짧아집니다.

알고리즘을 비교할 때 알고리즘의 실행 시간은 컴퓨터 CPU의 자원이나 프로그래밍 언어와 같은 여러 가지 변수의 영향을 받으므로 효과적인 기준이 될 수 없습니다. 이러한 이유로 컴퓨터 과학자들은 알고리즘에 필요한 단계를 살펴보면서 알고리즘을 비교합니다. 두 개 이상의 알고리즘을 비교해야 한다면 프로그래밍 언어나 컴퓨터의 사양과 같은 변수는 제외하고, 알고리즘에 필요한 단계를 수식으로 비교합니다.

예제로 살펴봅시다. 다음 코드는 앞에서 1부터 5까지의 숫자를 셌던 프로그램입니다.

```
for i in range(1, 6):
    print(i)
```

이 프로그램은 다섯 번의 루프를 실행하면서 i를 출력하므로 총 다섯 번의 단계를 거칩니다. 다음과 같이 이 알고리즘에 필요한 단계는 f(n)으로 표현할 수 있습니다.

```
f(n) = 5
```

프로그램이 복잡해지면 f(n)도 바뀝니다. 이번에는 출력되는 숫자의 합을 구한다고 합시다.

```
count = 0
for i in range(1, 6):
    print(i)
    count += i
```

알고리즘은 이제 열 한 번의 단계를 거쳐야 완료됩니다. count 변수에 0을 할당하고, 1부터 5까지의 숫자를 다섯 번 출력합니다. 그리고 그때마다 출력된 숫자의 합을 구하므로 1 + 5 + 5 = 11단계가 됩니다.

f(n)은 다음과 같이 바뀌었습니다.

```
f(n) = 11
```

숫자 6을 변수 n으로 바꾸면 어떻게 될까요?

```
count = 0
for i in range(1, n):
```

```
    print(i)
    count += i
```

f(n)은 다음과 같이 바뀝니다.

```
    f(n) = 1 + 2n
```

이제 알고리즘의 단계는 n 값에 의해 좌우됩니다. f(n)의 1은 첫 번째 단계인 count = 0에 해당하며, 그 다음에는 숫자를 출력하고 합을 구하는 2n만큼의 단계가 필요합니다. 예를 들어 n이 5라면 f(n) = 1 + 2 × 5입니다. 컴퓨터 과학자는 알고리즘의 단계를 나타내는 f(n)의 변수 n을 **데이터의 크기**라고 부릅니다. 데이터의 크기가 n인 문제를 푸는 데 필요한 시간이 1 + 2n이라고 할 수 있으며, 수학적으로는 T(n) = 1 + 2n이라고 표기합니다.

하지만 알고리즘에 필요한 단계를 항상 정확하게 셀 수 없기 때문에 알고리즘의 단계를 수식으로 표현하는 것이 아주 효과적인 방법이라고 할 수는 없습니다. 예를 들어 알고리즘에 조건문이 아주 많다면 그중 어떤 부분이 실행될지 미리 알 수 없을뿐더러 다행스럽게도 여러분이 알고리즘의 단계를 정확하게 알 필요도 없습니다.

중요한 것은 n의 변화에 따른 알고리즘 성능의 변화를 예상하는 것입니다. 데이터 세트가 작을 때는 어떤 알고리즘이든 별 문제가 없지만 데이터 세트가 아주 클 때는 비효율적인 알고리즘이 곧 재앙이 될 수 있습니다. 반대로 가장 비효율적인 알고리즘이라 하더라도 데이터의 크기가 1이라면 전혀 문제가 되지 않겠지만, 실제로 데이터의 크기가 1인 경우는 거의 없습니다. 도리어 십만, 백만 또는 그 이상일 가능성이 더 크죠.

알고리즘이 정확하게 몇 단계를 거치는지가 아니라, 데이터의 크기가 늘어날 때마다 알고리즘의 단계가 얼마나 늘어나는지를 대략적으로 파악하는 것이 가장 중요합니다. n이 커지면서 f(n)의 한 부분이 급격하게 커지면 그 외에 다른 부분을 비교하는 것이 무의미할 수 있습니다.

다음의 파이썬 코드를 봅시다.

```python
def print_it(n):
    #루프 1
    for i in range(n):
        print(i)
    #루프 2
    for i in range(n):
        print(i)
        for j in range(n):
            print(j)
            for h in range(n):
                print(h)
```

이 프로그램의 어떤 부분을 봐야 알고리즘에 몇 단계가 필요한지 판단할 수 있을까요? 루프 1과 루프 2 모두 중요한 변수라고 생각할 수도 있습니다. 어쨌든 n이 10,000 정도가 된다면 컴퓨터는 두 루프 모두에서 아주 많은 숫자를 출력할 테니까요.

하지만 알고리즘의 효율성을 따질 때 루프 1은 무시해도 될 수준입니다.

```python
#루프 1
for i in range(n):
    print(i)
```

이를 이해하기 위해서는 n이 커질 때 어떤 일이 일어나는지 살펴봐야 합니다. 다음은 이 알고리즘의 단계를 나타내는 수식 T(n)입니다.

```
T(n) = n + n**3
```

for 함수가 두 번 중첩된 루프를 n번 반복하면, 이는 n의 제곱인 n**2로 나타냅니다. 예를 들어 n이 10이라면 10을 10번 반복해야 하므로 **10**2**가 되는 것입니다. 마찬가지로 for 함수가 세 번 중첩된 루프는 n**3으로 나타낼 수 있습니다. 만약 T(n)에서 n이 10이라면 루프 1에서는 10단계를 거치고, 루프 2에서는 10의 세제곱인 1,000단계를 거칩니다. n이 1,000이라면 루프 1에서는 1,000단계, 루프 2에서는 1,000의 세제곱인 10억 단계를 거치게 되겠죠.

이해가 됐나요? n이 커지면 커질수록 알고리즘의 두 번째 루프가 너무 빨리 커지기 때문에 첫 번째 루프를 따지는 것이 무의미해집니다. 예를 들어 이 알고리즘이 100,000,000개의 데이터를 대상으로 작동한다면 두 번째 루프의 단계가 너무 크기 때문에 첫 번째 루프가 몇 단계를 거치든 신경 쓰지 않게 될 것입니다. 데이터가 100,000,000개라면 두 번째 루프의 단계가 1 뒤에 0이 24개나 있는 숫자가 되므로 이런 상황에서 첫 번째 루프의 단계가 100,000,000번이라는 것은 아무 의미가 없습니다.

따라서 알고리즘의 효율에서 가장 중요한 부분은 'n이 커질 때 알고리즘의 단계가 얼마만큼 증가하는가'이므로, 이것을 잘 나타내는 빅 O 표기법을 사용합니다. **빅 O 표기법**Big O notation은 n이 커짐에 따라 알고리즘의 시간 또는 공간의 요건이 얼마나 커지는지를 나타내는 수학적 표기법을 말합니다(공간 요건에 대해서는 나중에 설명하겠습니다).

빅 O 표기법은 T(n)에서 규모 함수를 도출하는데, **규모**Order of Magnitude**1**란 차이가 아주 큰 등급 체계에서의 크기 차이를 뜻합니다. 규모 함수에서는 알고리즘의 실행 단계를 나타내는 T(n)에서 수식을 지배하는 부분만 남기고, 나머지는 모두 무시합니다.**2** 즉, T(n)에서 가장 지배적인 부분이 빅 O 표기법에서 도출한 알고리즘의 규모가 되는 것입니다.

다음은 빅 O 표기법에서 가장 널리 사용되는 규모 함수들을 최선(가장 효율적)에서 최악(가장 비효율적)의 순서로 나열한 것입니다.

---

1 이 책에서는 'Order of Magnitude'를 '규모'라고 번역했으나 '크기의 자릿수'라고 직역할 수도 있습니다.

2 좀 더 풀어서 설명해 보겠습니다. 예를 들어 T(n)이 $3n^2+4n$인 알고리즘의 경우, 빅 O 표기법에서는 T(n)에서 가장 지배적인 부분인 최고차 항 $3n^2$을 제외한 나머지 4n과 $3n^2$의 계수인 3까지 제거하고 $O(n^2)$으로 나타냅니다. $O(n^2)$이 바로 빅 O 표기법으로 도출한 알고리즘의 규모 함수가 되는 것입니다.

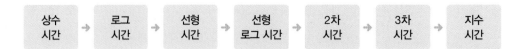

각각의 규모 함수는 알고리즘의 시간 복잡도를 나타냅니다. **시간 복잡도**^{Time Complexity}란 n이 커짐에 따라 알고리즘이 실행되고 완료될 때까지 필요한 단계를 말합니다.

그럼, 시간 복잡도에 대해 알아봅시다.

상수 시간

가장 효율적인 규모는 **상수 시간 복잡도**^{Constant Time Complexity}입니다. 어떤 알고리즘이 n의 크기에 관계없이 동일한 단계만 필요한 경우 '알고리즘이 **상수 시간**으로 실행된다'고 말합니다. 상수 시간 알고리즘을 빅 O 표기법으로 표기하면 O(1)과 같습니다.

예를 들어 여러분이 온라인 서점을 운영하면서 매일 첫 번째로 방문하는 고객에게 무료로 책을 선물한다고 합시다. 이 고객을 customers 리스트에 저장한다고 하면 알고리즘은 대략 다음과 같은 형태가 될 것입니다.

```
free_books = customers[0]
```

이 알고리즘의 T(n)은 다음과 같습니다.

```
T(n) = 1
```

고객이 아무리 많아도 이 알고리즘에는 하나의 단계만 필요합니다. 고객이 1,000명, 10,000명이더라도 한 단계로 끝나고, 조 단위라 하더라도 한 단계면 충분합니다. 고객의 수를 x 축, 알고리즘의 단계를 y 축으로 하는 상수 시간 복잡도를 그래프로 그리면 [그림 1-1]과 같이 평평한 형태가 됩니다.

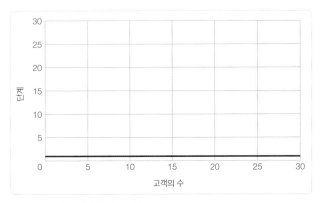

그림 1-1 | 상수 시간 복잡도 O(1)

상수 시간 알고리즘은 [그림 1-1]과 같이 알고리즘이 완료될 때까지 필요한 단계가 일정합니다. 데이터 세트가 아무리 커지더라도 알고리즘의 실행 시간이 변하지 않으므로 가장 효율적인 알고리즘이라고 할 수 있습니다.

로그 시간

로그 시간 복잡도 Logarithmic Time Complexity는 상수 시간에 이어 두 번째로 효율적인 시간 복잡도입니다. 데이터의 로그에 비례해 알고리즘의 단계가 늘어날 때, 알고리즘이 로그 시간으로 실행된다고 말합니다. 로그 시간 복잡도는 실행을 반복할 때마다 알고리즘의 탐색 범위를 1/2로 줄여 나가는 이진 탐색과 같은 알고리즘에서 볼 수 있습니다(이진 탐색에 관한 내용은 53쪽에서 자세히 살펴보겠습니다). 빅 O 표기법에서는 로그 시간 알고리즘을 O(log n)으로 표기합니다.

로그 시간 복잡도의 그래프는 [그림 1-2]와 같은 형태로 그릴 수 있습니다. 즉, 로그 시간 알고리즘은 데이터 세트가 커짐에 따라 알고리즘의 실행에 필요한 단계가 천천히 늘어나는 알고리즘을 말합니다.

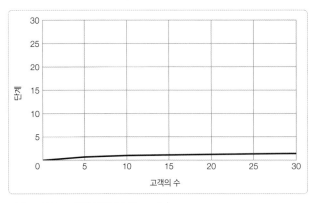

그림 1-2 | 로그 시간 복잡도 O(log n)

선형 시간

로그 시간 복잡도 다음으로 효율적인 것은 **선형 시간 복잡도**^{Linear Time Complexity}입니다. 선형 시간으로 실행되는 알고리즘은 데이터의 크기가 커지는 만큼 같은 비율로 단계가 늘어나는 알고리즘을 말하며, 빅 O 표기법에서는 O(n)으로 표기합니다.

매일 첫 번째로 방문하는 고객에게 무료로 책을 선물하는 대신, 고객 리스트를 훑어 보면서 이름이 B로 시작하는 고객에게 책을 선물한다고 생각해 봅시다. 고객 리스트가 알파벳 순으로 정렬되어 있지 않다면 다음 코드처럼 B로 시작하는 이름을 하나씩 탐색하며 찾아야 합니다.

```
free_book = False
customers = ["Lexi", "Britney", "Danny", "Bobbi", "Chris"]
for customer in customers:
    if customer[0] == 'B':
        print(customer)
```

고객이 다섯 명이라면 프로그램도 이름을 탐색하는 다섯 번의 단계를 거쳐야 합니다. 고객이 10명이면 10번, 20명이면 20번의 탐색 단계가 필요합니다.

따라서 이 프로그램의 시간 복잡도는 각각 free_book과 customers에 할당하는 단계와 고객 리스트에서 B로 시작하는 이름을 탐색하는 n번의 단계를 더해 다음과 같이 나타낼 수 있습니다.

$$f(n) = 1 + 1 + n$$

빅 O 표기법에서는 상수 부분을 무시하고 f(n)을 지배하는 부분만 선택해 다음과 같이 나타냅니다.

$$O(n) = n$$

선형 시간 복잡도의 그래프는 [그림 1-3]과 같이 데이터 세트가 커지는 만큼 알고리즘의 실행에 필요한 단계도 같은 비율로 늘어납니다.

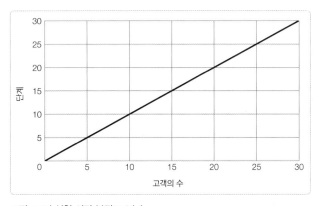

그림 1-3 | 선형 시간 복잡도 O(n)

선형 로그 시간

선형 로그 시간 Log-Linear Time을 따르는 알고리즘의 복잡도는 로그 시간 복잡도와 선형 시간 복잡도를 곱한 만큼 커집니다. 로그 시간으로 실행되는 알고리즘 O(log n)을 n 번 반복하는 형태를 말하며, O(n log n)으로 표기합니다.

선형 로그 시간 알고리즘은 보통 데이터 세트를 작은 부분으로 나누고, 이들을 독립적으로 처리하는 형태를 취합니다. 나중에 79쪽에서 설명할 병합 정렬과 같은 효율적인 정렬 알고리즘은 대부분 선형 로그 시간 복잡도를 따릅니다.

[그림 1-4]는 선형 로그 시간 복잡도를 그래프로 그린 모습입니다.

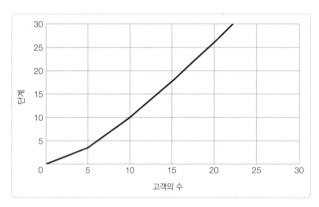

그림 1-4 | 선형 로그 시간 복잡도 O(n log n)

그래프에서 알 수 있듯, 선형 로그 시간 복잡도는 선형 시간 복잡도보다는 비효율적이지만, 2차 시간 복잡도보다는 효율적입니다.

2차 시간

2차 시간 복잡도 Quadratic Time Complexity는 선형 로그 시간 복잡도 다음으로 효율적인 시간 복잡도입니다. **2차 시간**으로 실행되는 알고리즘의 복잡도는 n의 제곱에 정비례하며, O(n**2)으로 표기합니다.

다음은 2차 시간 복잡도를 따르는 알고리즘의 예제입니다.

```
numbers = [1, 2, 3, 4, 5]
for i in numbers:
    for j in numbers:
        x = i * j
        print(x)
```

이 알고리즘은 숫자 리스트 numbers에 들어 있는 모든 숫자를 서로 곱해 변수에 저장한 후 출력합니다.

여기서 n은 numbers 리스트의 크기이므로, 이 알고리즘의 시간 복잡도 f(n)은 다음과 같이 나타낼 수 있습니다.

```
f(n) = 1 + n * n * (1 + 1)
```

이 식의 (1 + 1) 부분은 각각 (i * j)를 변수 x에 저장하는 단계와 print 함수에 해당합니다. 두 번 중첩된 for 루프를 통해 곱셈과 출력을 n * n 번 반복합니다. f(n)은 다음과 같이 단순화할 수 있습니다.

```
f(n) = 1 + (1 + 1) * n**2
```

한 번 더 단순화해 보겠습니다.

```
f(n) = 1 + 2 * n**2
```

마찬가지로 f(n)의 크기를 지배하는 부분이 n**2이므로 빅 O 표기법으로는 다음과 같이 나타낼 수 있습니다.

```
O(n) = n**2
```

2차 시간 복잡도를 그래프로 그려 봅시다.

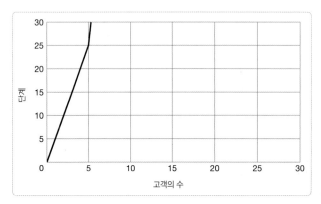

그림 1-5 | 2차 시간 복잡도 0(n²)

알고리즘에 1부터 n까지 또는 0부터 n − 1까지 실행하는 루프가 두 번 중첩되어 있다면 그 알고리즘의 시간 복잡도는 최소한 0(n**2) 이상일 것입니다. n의 제곱에 비례해 실행 시간이 늘어나는 삽입 정렬이나 버블 정렬과 같은 정렬 알고리즘의 상당수가 2차 시간 복잡도를 따릅니다. 정렬 알고리즘에 대한 자세한 내용은 'CHAPTER 04. 정렬 알고리즘'에서 살펴보겠습니다.

3차 시간

3차 시간 Cubic Time으로 실행되는 알고리즘의 시간 복잡도는 n의 세제곱에 정비례하며, 0(n**3)으로 표기합니다.

다음은 3차 시간 복잡도를 따르는 알고리즘의 예제입니다.

```
numbers = [1, 2, 3, 4, 5]
for i in numbers:
    for j in numbers:
        for h in numbers:
            x = i + j + h
            print(x)
```

이 알고리즘의 f(n)은 다음과 같습니다.

f(n) = 1 + n * n * n * (1 + 1)

다음과 같이 단순화할 수도 있습니다.

f(n) = 1 + 2 * n**3

2차 시간 복잡도와 마찬가지로 f(n)에서 가장 중요한 부분은 n**3입니다. n**3은 너무나 급격하게 커지기 때문에 만약 f(n)의 나머지 부분에 n**2이 포함되어 있더라도 무시할 수 있을 정도입니다. 따라서 빅 O 표기법에서는 다음과 같이 표현할 수 있습니다.

O(n) = n**3

알고리즘에 0부터 n까지 실행하는 루프가 세 번 중첩되어 있다면 그 알고리즘은 3차 시간 복잡도를 따릅니다. 데이터 과학이나 통계와 관련된 일을 한다면 3차 시간 복잡도 문제를 자주 마주치게 될 것입니다.

2차와 3차 시간 복잡도는 모두 다항 시간 복잡도에 속합니다. **다항 시간 복잡도**Polynomial Time Complexity를 따르는 알고리즘은 O(n**a)에 비례하여 커지는데, 2차 시간은 a가 2인 경우, 3차 시간은 a가 3인 경우에 해당하겠죠. 알고리즘을 설계할 때는 가급적 다항 시간 알고리즘을 피하는 편이 좋습니다. 이런 알고리즘은 n이 커짐에 따라 알고리즘의 실행 시간이 급격하게 늘어날 수 있기 때문입니다. 하지만 가끔 피치 못하게 다항 시간 알고리즘을 사용해야 하는 경우에는 다음에 살펴볼 최악의 알고리즘과 비교했을 때 그나마 다항 시간 복잡도가 괜찮은 편이라고 생각하는 것이 위안이 될 것입니다.

지수 시간

최악의 시간 복잡도로 꼽히는 것은 **지수 시간 복잡도**Exponential Time Complexity입니다. **지수 시간**으로 실행되는 알고리즘의 복잡도는 데이터 크기의 지수식으로 표현됩니다. 어떤 상수 c를 n 제곱한 만큼 실행 단계가 커지는 알고리즘으로, 빅 O 표기법에서는 $O(c**n)$으로 표기합니다. 여기서 상수 c가 얼마나 큰지는 중요하지 않습니다. 문제는 지수인 n입니다.

다행히 지수 시간 복잡도가 자주 마주치는 문제는 아닙니다. 예를 들어, n개의 숫자로 이루어진 비밀번호를 가능한 모든 조합을 시도해 알아내려고 하는 경우 지수 시간 복잡도에 해당하며, $O(10**n)$으로 표기합니다.

다음 예제를 봅시다.

```
pin = 931
n = len(pin)
for i in range(10**n):
    if i == pin:
        print(i)
```

이 알고리즘을 완료하기 위해 필요한 단계는 n이 커짐에 따라 믿을 수 없을 정도로 빠르게 커집니다. n이 1이면 10번의 단계를 거쳐야 하고 n이 2이면 100번, n이 3이면 1,000번의 단계가 필요합니다. 언뜻 보기에는 지수 시간 알고리즘이 그렇게까지 빨리 커지는 것처럼 보이지 않지만 감당할 수 없이 커지는 것은 순식간입니다. 여덟 자리의 비밀번호를 알아내려면 1억 번을 시도해야 하고, 열 자리의 비밀번호를 알아내려면 100억 번을 시도해야 합니다. 이제 비밀번호의 자릿수가 왜 그렇게 중요한지 깨달았을 것입니다. 만약 네 자리의 비밀번호를 사용한다면 이런 프로그램을 통해 손쉽게 비밀번호를 알아낼 수 있습니다. 반면 스무 자리의 비밀번호를 사용한다면 아마 해커가 죽을 때까지도 프로그램이 끝나지 않기 때문에 절대 알아낼 수 없을 것입니다.

이런 식으로 비밀번호를 알아내는 것을 **무차별 대입 알고리즘**^Brute-Force Algorithm이라고 합니다. 무차별 대입 알고리즘은 가능한 경우의 수를 전부 대입해 보는 알고리즘입니다. 보통 이 알고리즘은 비효율적이므로 최후의 수단으로만 사용해야 합니다.

[그림 1-6]은 지금까지 설명한 알고리즘의 효율성을 비교한 것입니다.

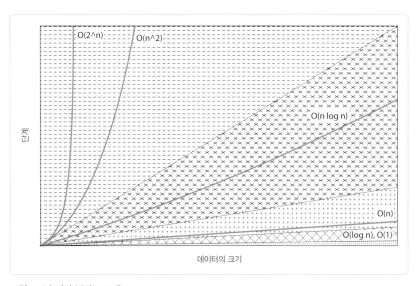

그림 1-6 | 시간 복잡도 그래프

최선과 최악

알고리즘의 실행 시간, 즉 성능은 데이터의 종류를 비롯해 다양한 요인에 의해 변합니다. 따라서 알고리즘의 성능을 평가할 때는 최선과 최악, 평균의 시간 복잡도를 고려해야 합니다. **최선의 경우**^Best-case인 시간 복잡도는 알고리즘에 입력되는 데이터가 이상적일 때, **최악의 경우**^Worst-case인 시간 복잡도는 말 그대로 가능한 모든 시나리오 중 가장 최악(알고리즘의 실행 시간이 급격하게 커지는/느려지는 경우)일 때, **평균의 경우**Average-case인 시간 복잡도는 알고리즘이 평균적으로 얼마나 빨리 실행되는지를 나타냅니다.

예를 들어 리스트의 요소를 하나씩 탐색한다고 할 때, 정말 운이 좋다면 탐색을 시작하자마자 첫 번째 항목에서 원하는 요소를 찾을 수도 있습니다. 이것이 바로 최선의 경우에 해당하는 시간 복잡도입니다. 반면에 찾으려는 요소가 리스트에 없다면 리스트 전체를 탐색해야 하는 최악의 경우에 해당하는 시간 복잡도인 것입니다.

리스트에 대한 순차 탐색을 100차례 수행한다고 하면 평균적으로 O(n/2)의 시간 안에 탐색이 끝날 것입니다. 여기에서 O(n/2)은 빅 O 표기법을 통해 O(n)으로 표기할 수 있습니다. 일반적으로 알고리즘을 비교할 때는 평균의 경우인 시간 복잡도부터 살펴봅니다. 만약 더 깊이 분석하고 싶다면 최선과 최악의 경우인 시간 복잡도를 비교해 볼 수 있습니다.

공간 복잡도

알고리즘의 효율을 생각할 때는 컴퓨터의 메모리도 유한한 자원이므로 시간 복잡도뿐만 아니라 자원을 얼마나 사용하는지도 고려해야 합니다. **공간 복잡도**Space Complexity는 알고리즘의 실행을 완료할 때까지 필요한 자원의 양, 즉 고정 공간, 데이터 구조 공간, 임시 공간의 메모리를 얼마나 사용하는지 나타냅니다. **고정 공간**Fixed Space은 프로그램 자체가 차지하는 메모리를 말하며, **자료구조 공간**Data Structure Space은 데이터 세트, 예를 들어 탐색의 대상이 되는 리스트를 저장하는 데 필요한 메모리를 말합니다. 알고리즘에서 이 데이터를 저장하기 위해 사용하는 메모리는 n의 크기에 따라 달라집니다. 또한 **임시 공간**Temporary Space은 알고리즘에서 중간 처리를 위해 사용하는 메모리, 예를 들어 데이터 전송을 위해 임시로 리스트 사본을 만들 때 필요한 메모리를 말합니다.

앞에서 학습한 시간 복잡도의 개념을 공간 복잡도에도 적용할 수 있습니다. 다음 예제로 살펴보겠습니다. n의 팩토리얼factorial(n 이하의 양의 정수를 모두 곱한 값)을 계산하는 알고리즘은 상수 공간 복잡도인 O(1)을 따릅니다.

```
x = 1
n = 5
for i in range(1, n + 1):
    x = x * i
```

이 알고리즘의 공간 복잡도가 상수인 이유는 n이 커져도 알고리즘에서 추가로 메모리를 사용하지 않기 때문입니다.

반면에 n까지 도달하면서 계산한 중간 결과를 모두 리스트에 저장한다면 이 알고리즘은 선형 공간 복잡도 O(n)을 따릅니다.

```
x = 1
n = 5
a_list = []
for i in range(1, n + 1):
    a_list.append(x)
    x = x * i
```

알고리즘에 필요한 공간 역시 n이 커지는 것과 같은 비율로 커지므로 이 알고리즘의 공간 복잡도가 O(n)이 되는 것입니다.

시간 복잡도와 마찬가지로 알고리즘의 공간 복잡도 역시 상황에 따라 달라지지만 일반적으로는 공간을 적게 쓸수록 좋습니다.

복잡도가 중요한 이유

컴퓨터 과학자가 알고리즘을 최적화하기 위해서는 먼저 규모에 대해 이해해야 합니다. 알고리즘을 개선하고 싶다면 규모를 줄일 방안을 모색해야 하는 것입니다. 예를 들어, for 루프가 두 번 중첩된 O(n**2) 알고리즘이 있다고 합시다. 이 알고리즘을 최적화하기 위해 루프의 내부를 검토하는 것은 생각보다 중요하지 않습니다. 중첩된 for 루프를 사용하지 않을 수 있는지, 다시 말해 알고리즘의 규모를 줄일 수 있는지 판단하는 것이 훨씬 더 중요합니다.

같은 문제를 중첩되지 않은 두 개의 for 루프를 쓰는 알고리즘으로 풀 수 있다면 이 알고리즘의 시간 복잡도는 $O(n)$이 되고, 두 경우의 성능은 크게 차이 나게 됩니다. $O(n**2)$인 알고리즘을 조정하여 아무리 효율을 올린다고 해도 $O(n)$으로 고쳐 쓰는 것에는 비교할 수 없습니다. 하지만 알고리즘의 최선 또는 최악의 경우를 고려하는 것도 중요합니다. 피치 못하게 $O(n**2)$인 알고리즘을 사용한다고 하더라도 최선의 경우에는 $O(n)$과 같은 결과를 낼 수 있고, 최선의 경우에 해당하는 데이터일 수 있습니다. 만약 이런 경우라면 $O(n**2)$인 알고리즘도 좋은 선택일 수 있습니다.

알고리즘을 잘 선택하는 것은 실제로 큰 영향을 미칩니다. 예를 들어 여러분이 웹 개발자이고, 사용자의 요청에 따라 알고리즘을 작성할 책임이 있다고 합시다. 상수 시간 알고리즘을 선택하는지, 2차 시간 알고리즘을 선택하는지에 따라 여러분에 대한 평가가 엇갈릴 수 있습니다. 상수 시간 알고리즘을 선택해 1초 안에 고객의 요청을 처리할 수 있다면 고객은 다시 찾아오게 될 것이고, 반대로 2차 시간 알고리즘을 선택해 고객의 요청을 1분 이상 지연시켰다면 그 고객은 두 번 다시 방문하지 않을 것입니다.

용어 복습

- **알고리즘** | 문제를 해결하는 연속적인 단계
- **실행 시간** | 파이썬과 같은 프로그래밍 언어로 작성한 알고리즘을 컴퓨터가 실행하는 데 걸리는 시간
- **데이터의 크기** | 알고리즘이 실행해야 하는 단계를 나타내는 수식의 변수 n
- **빅 O 표기법** | n이 커질수록 알고리즘의 시간/공간 요건이 어떻게 늘어나는지 나타내는 수학 표기법
- **규모** | 각 등급 간의 차이가 아주 큰 등급 체계에서의 크기 차이
- **시간 복잡도** | n이 커짐에 따라 알고리즘을 완료하는 데 필요한 단계
- **상수 시간** | n과 관계없이 일정한 단계만 실행하는 알고리즘
- **로그 시간** | n의 로그에 비례해 실행 시간이 커지는 알고리즘
- **선형 시간** | n에 비례해 실행 시간이 커지는 알고리즘
- **선형 로그 시간** | 로그 시간과 선형 시간의 곱에 비례해 실행 시간이 커지는 알고리즘
- **2차 시간** | n의 제곱에 비례해 실행 시간이 커지는 알고리즘
- **3차 시간** | n의 세제곱에 비례해 실행 시간이 커지는 알고리즘
- **다항 시간** | n의 a 제곱에 비례해 실행 시간이 커지는 알고리즘
- **지수 시간** | 어떤 상수의 n제곱에 비례해 실행 시간이 커지는 알고리즘
- **무차별 대입 알고리즘** | 가능한 경우의 수를 모두 대입해 보는 알고리즘
- **최선의 경우** | 알고리즘에 입력되는 데이터가 이상적일 때 알고리즘이 실행되는 경우
- **최악의 경우** | 가능한 시나리오 중 최악의 시나리오로 알고리즘이 실행되는 경우
- **평균의 경우** | 평균적으로 실행되는 알고리즘의 성능
- **공간 복잡도** | 알고리즘을 실행하는 데 필요한 자원의 양, 즉 메모리
- **고정 공간** | 프로그램 자체가 사용하는 메모리
- **자료구조 공간** | 프로그램에 데이터 세트를 저장하기 위해 사용하는 메모리
- **임시 공간** | 프로그램에서 중간 처리를 위해 사용하는 메모리

연습문제

1. 예전에 만들었던 프로그램을 찾아, 프로그램에 사용된 여러 가지 알고리즘의 시간 복잡도를 평가해 보세요.

CHAPTER 02 재귀

> 재귀를 이해하려면 먼저 재귀를 이해해야 하고, 재귀를 이해하기 위해서는 재귀를 이해해야 합니다. 그래서 재귀를 이해하려면 재귀를 이해해야 하니까…
>
> 익명

반복 알고리즘 Ierative Algorithm은 동일한 루프로 단계를 반복해 문제를 해결하는 알고리즘을 말합니다. 지금까지 살펴본 알고리즘의 대부분이 반복 알고리즘을 사용했습니다. 자기 자신으로 다시 돌아간다는 의미의 **재귀**Recursion는 문제를 더 작은 부분으로 나누고, 각 부분의 문제를 해결한 후 결과를 조합해 전체 문제의 답을 찾는 문제 해결 방법입니다. 반복 알고리즘으로 해결할 수 있는 문제는 모두 재귀 알고리즘으로도 해결할 수 있으며, 재귀 알고리즘이 더 간결한 형태일 때가 많습니다.

재귀 알고리즘은 자기 자신을 호출하는 함수나 메서드를 사용합니다. 정의만으로는 잘 이해되지 않을 수 있습니다. 재귀 알고리즘의 함수는 입력을 변경하고 자신을 호출하면서 그 결과를 전달하는 방식으로 작동합니다. 따라서 재귀 함수가 자기 자신을 끝도 없이 호출하지 않도록 재귀 알고리즘을 빠져나가는 **종료 조건**Base Case이 반드시 필요합니다. 재귀 함수는 자신을 호출할 때마다 알고리즘의 종료 조건에 가까워집니다. 결국 종료 조건을 만족해 문제가 해결되면 함수는 자신을 호출하는 일을 멈춥니다. 정리하면 재귀 알고리즘은 다음과 같은 세 가지 법칙을 따릅니다.

• 반드시 종료 조건이 있어야 한다.

- 반드시 자기 자신의 상태를 변경하면서 종료 조건에 가까워져야 한다.
- 반드시 자기 자신을 재귀적으로(다시 돌아와) 호출해야 한다.

재귀와 반복 알고리즘을 활용해 팩토리얼을 구해 보면서 재귀 알고리즘을 이해해 봅시다. **팩토리얼**^{Factorial}이란 어떤 숫자 이하의 양의 정수를 모두 곱한 값입니다. 예를 들어 5의 팩토리얼은 $5 \times 4 \times 3 \times 2 \times 1$입니다.

```
5! = 5 * 4 * 3 * 2 * 1
```

다음은 숫자 n의 팩토리얼을 계산하는 반복 알고리즘입니다.

```
def factorial(n):
    the_product = 1
    while n > 0:
        the_product *= n
        n = n - 1
    return the_product
```

코드를 하나씩 살펴보겠습니다. factorial 함수는 계산에 필요한 숫자 n을 매개변수로 받습니다.

```
def factorial(n):
```

n 이하인 양의 정수들의 곱을 저장할 the_product 변수를 정의하고 초깃값을 1로 정합니다. the_product는 n에 도달하는 숫자들의 곱을 저장하는 데 사용합니다.

그 다음에는 while 루프를 사용해 역으로 n이 1이 될 때까지 계산을 반복합니다.

```
while n > 0:
    the_product *= n
    n = n - 1
```

while 루프가 끝나면 n의 팩토리얼이 저장된 the_product를 반환합니다.

```
return the_product
```

다음은 같은 알고리즘을 재귀 알고리즘으로 변경한 것입니다.

```
def factorial(n):
    if n == 0:
        return 1
    return n * factorial(n - 1)
```

마찬가지로 가장 먼저 숫자 n을 매개변수로 받는 **factorial** 함수를 정의합니다. 다음으로는 재귀 알고리즘을 빠져 나가는 종료 조건을 작성하는데, 이 함수는 n이 0이 될 때까지 자신을 반복적으로 호출하며 n이 0이 되면 1을 반환하고 자신을 호출하는 일을 중단합니다.

```
if n == 0:
    return 1
```

종료 조건을 만족하지 않으면 그 다음 코드를 실행합니다.

```
return n * factorial(n - 1)
```

이 코드는 자기 자신인 **factorial** 함수를 호출합니다. 만약 재귀 알고리즘을 처음 본다면 좀 이상해 보일 수도 있고, 어쩌면 이런 코드는 작동하지 않을 것이라고 생각할 수도 있습니다. 하지만 분명히 작동합니다. 여기서 **factorial** 함수는 자신을 호출한 결과를 반환하지만, 자신을 호출할 때 n이 아니라 n - 1을 매개변수로 전달합니다. 결국에는 n이 1보다 작아지면서 다음의 종료 조건을 만족하게 되는 것입니다.

```
    if n == 0:
        return 1
```

단 네 줄의 코드로 재귀 알고리즘을 만들었습니다.

```
def factorial(n):
    if n == 0:
        return 1
    return n * factorial(n - 1)
```

그러면 이 재귀 알고리즘은 어떻게 작동하는 걸까요? factorial 함수는 내부적으로 return 문을 만날 때마다 그 반환값을 스택에 담습니다. 자동 메모리$^{Automatic\ Memory}$라는 별명을 갖고 있는 스택^{Stack}은 자료구조 중의 하나로, PART 02. 자료구조에서 자세히 설명합니다. 스택은 파이썬의 리스트와 비슷하지만, 데이터를 추가한 순서대로 데이터를 제거합니다. 이해가 잘 되지 않나요? 예를 들어 봅시다. 다음과 같이 factorial 함수를 호출해 보겠습니다.

```
factorial(3)
```

변수 n은 3으로 시작합니다. factorial 함수는 먼저 종료 조건을 확인하고, n이 0이 아니므로 False로 평가해 그 다음 행을 실행합니다.

```
return n * factorial(n - 1)
```

파이썬은 현 시점에서 아직 n * factorial(n - 1)의 결과를 알지 못하므로 이를 스택에 저장합니다.

```
#내부 스택(실행하는 코드가 아닙니다.)
[
    return n * factorial(n - 1)      #n = 3
]
```

이제 factorial 함수가 n에서 1을 빼고 다시 자신을 호출합니다.

```
factorial(2)
```

함수는 다시 종료 조건의 결과가 False임을 확인하고 다음 행을 실행합니다.

```
return n * factorial(n - 1)
```

파이썬은 아직도 n * factorial(n - 1)의 결과를 알지 못하므로 이를 스택에 저장합니다.

```
#내부 스택
[
    return n * factorial(n - 1),     #n = 3
    return n * factorial(n - 1),     #n = 2
]
```

함수는 또다시 n에서 1을 빼고 자신을 호출합니다.

```
factorial(1)
```

파이썬은 현 시점에서도 n * factorial(n - 1)의 결과를 알지 못하므로 이를 스택에 저장합니다.

```
#내부 스택
[
    return n * factorial(n - 1),     #n = 3
    return n * factorial(n - 1),     #n = 2
    return n * factorial(n - 1),     #n = 1
]
```

다시 함수는 n에서 1을 빼고 자신을 호출합니다. 그런데 이번에는 n이 0이므로 종료 조건을
만족해 1을 반환하게 됩니다.

```
if n == 0:
    return 1
```

파이썬은 다시 n * factorial(n - 1)의 결과를 스택에 저장하지만 이번에는 그 반환값이
1임을 알고 있습니다.

```
#내부 스택
[
    return n * factorial(n - 1),     #n = 3
    return n * factorial(n - 1),     #n = 2
    return n * factorial(n - 1),     #n = 1
    1
]
```

파이썬이 마지막 반환값을 알고 있으므로 이전의 결과를 계산하고 스택에서 제거할 수 있습
니다. 즉, 1 * n을 계산하며 여기서 n은 1입니다.

```
1 * 1 = 1
```

이제 파이썬의 내부 스택은 다음과 같이 바뀝니다.

```
#내부 스택
[
    return n * factorial(n - 1),      #n = 3
    return n * factorial(n - 1),      #n = 2
    1
]
```

이번에도 마지막 반환값을 알고 있으므로 이전의 결과를 계산하고 스택에서 제거합니다.

```
2 * 1 = 2
```

이제 파이썬의 내부 스택은 다음과 같습니다.

```
#내부 스택
[
    return n * factorial(n - 1),      #n = 3
    2
]
```

마지막입니다. 스택에 남아 있는 이전 결과를 계산하고 그 값을 반환합니다.

```
3 * 2 = 6

#내부 스택
[return 6]
```

이처럼 팩토리얼 계산은 같은 문제를 더 작은 부분들로 나누어 해결할 수 있는 아주 좋은 예제입니다. 덕분에 재귀 알고리즘을 작성함으로써 숫자의 팩토리얼 계산을 간결하게 해결했습니다.

재귀를 사용해야 할 때

알고리즘에서 재귀를 얼마나 자주 사용할지는 여러분이 결정하기 나름입니다. 재귀로 해결할 수 있는 문제는 반복으로도 해결할 수 있습니다. 그러나 재귀의 주된 장점은 간결함입니다. 앞에서 살펴봤듯이 팩토리얼을 반복적으로 계산하는 알고리즘에는 여섯 행의 코드가 필요했지만 재귀로 계산하는 알고리즘은 네 행이면 충분했습니다. 그러나 재귀 알고리즘의 단점은 파이썬의 내부 스택에 데이터를 저장하므로 메모리를 더 소비할 때가 많다는 것입니다. 또한 재귀 알고리즘은 알고리즘이 어떻게 작동되고 있는지 한눈에 파악하기 어려운 편이므로 반복 알고리즘에 비해 디버깅(오류 수정)이 어려울 수 있습니다.

어떤 문제를 풀기 위해 재귀의 사용 여부를 결정할 때는 주어진 여건이 어떠한지 먼저 살펴봐야 합니다. 메모리 사용량이 중요하다면 반복 알고리즘을 선택하고, 그렇지 않다면 재귀 알고리즘의 간결함을 선택하면 됩니다. 책을 계속 읽다 보면 이진 트리를 이동하는 것처럼 반복 알고리즘을 재귀로 더 간결하게 푸는 예제도 보게 될 것입니다(이진 트리는 CHAPTER 14. 이진 트리에서 배웁니다).

용어 복습

- **반복 알고리즘** | 단계를 반복하면서 문제를 해결하는 알고리즘
- **재귀** | 문제를 더 작은 부분으로 나누고 결과를 조합해 전체 문제의 답을 찾는 문제 해결 방법
- **종료 조건** | 재귀 알고리즘이 무한하게 반복되지 않도록 종료하는 조건
- **팩토리얼** | 어떤 숫자 이하의 양의 정수를 모두 곱한 결과

연습문제

1. 1부터 10까지의 숫자를 재귀로 출력해 보세요.

탐색 알고리즘

> 알고리즘을 믿기 위해서는 먼저 알고리즘을 볼 줄 알아야 한다.
>
> 도널드 커누스 Donald Knuth

개발자는 데이터를 다루는 데 많은 시간을 할애합니다. 웹이나 애플리케이션 개발자들은 웹이나 애플리케이션을 방문하는 사용자에게 페이지를 보여주기 위해 데이터를 가공하죠. 데이터 과학자는 당연히 더 많은 시간을 데이터를 다루는 데 씁니다. 넷플릭스는 영화를 추천하는 알고리즘을 개선하기 위해, 인스타그램은 사용자가 플랫폼에 더 오래 머물게 하기 위해 개발자를 고용합니다.

데이터를 다루는 개발자에게 가장 필요한 능력은 탐색 능력입니다. 컴퓨터 과학자는 **탐색 알고리즘**Search Algorithm으로 데이터 세트에서 데이터를 탐색하는데, 여기에서 **데이터 세트**Data Set는 데이터의 모음을 말합니다. 대표적인 탐색 알고리즘에는 선형 탐색과 이진 탐색이 있습니다. 파이썬 같은 프로그래밍 언어에는 탐색 알고리즘이 내장되어 있어 개발자라도 이를 직접 구현하는 경우는 별로 없습니다. 하지만 몇 가지 탐색 알고리즘을 직접 만들어 보면 선형 규모나 로그 규모와 같은 컴퓨터 과학의 기본 개념을 더 잘 이해할 수 있으므로 더 나은 개발자가 될 수 있습니다. 또한 알고리즘을 이해하고 있어야 여러 가지 데이터 세트에 사용할 파이썬의 내장 탐색 알고리즘을 선택할 수 있고, 이들이 어떻게 작동하는지도 알 수 있습니다.

이번에는 선형 탐색과 이진 탐색 알고리즘을 사용해 리스트에서 숫자를 탐색하는 방법을 알아보겠습니다. 각각의 탐색 알고리즘을 직접 만들어 본 다음, 파이썬에 내장된 알고리즘으로 똑같이 탐색하는 방법도 살펴봅시다.

선형 탐색

선형 탐색 Linear Search은 데이터 세트에 들어 있는 모든 요소를 비교하면서 원하는 데이터를 찾는 탐색 방식입니다. 선형 탐색은 어느 한 쪽 방향으로만 탐색할 수 있다는 의미를 갖고 있습니다. 처음부터 끝까지 모든 요소를 검사하는 알고리즘이므로 순차 탐색Sequential Search이라고 부르기도 합니다.

다음은 파이썬에서 작성한 선형 탐색 알고리즘입니다.

```python
def linear_search(a_list, n):
    for i in a_list:
        if i == n:
            return True
    return False

a_list = [1, 8, 32, 91, 5, 15, 9, 100, 3]
print(linear_search(a_list, 91))
```

실행 결과
```
True
```

하단에 작성한 코드를 살펴보면 `linear_search` 함수를 호출하면서 리스트와 함께 탐색 대상으로 정의했던 n을 전달합니다.

```python
a_list = [1, 8, 32, 91, 5, 15, 9, 100, 3]
print(linear_search(a_list, 91))
```

이 코드의 n은 91이므로 a_list에서 91을 찾습니다.

그리고 함수에서 for 루프를 사용해 a_list의 각 요소를 하나씩 탐색합니다.

```
for i in a_list:
```

그리고 if 문을 사용해 a_list의 각 요소를 n과 비교합니다.

```
if i == n:
```

일치하는 것이 있으면 True를 반환하고, 리스트 전체를 거치고도 일치하는 것을 찾지 못하면 False를 반환합니다.

```
for i in a_list:
    if i == n:
        return True
return False
```

찾으려는 숫자 n(여기서는 91)이 a_list에 있으므로 True를 반환하게 됩니다.

```
print(linear_search(a_list, 91))
```

실행 결과

```
True
```

91 대신 1,003으로 프로그램을 다시 실행하면 1,003이 a_list에 없으므로 False를 반환하게 됩니다.

```
print(linear_search(a_list, 1003))
```

실행 결과

```
False
```

선형 탐색을 사용해야 할 때

선형 탐색 알고리즘의 시간 복잡도는 O(n)입니다. 최악의 경우라면 10개의 요소가 있는 리스트에서 10번의 단계를 거쳐야 합니다. 선형 탐색 알고리즘의 최선의 경우는 O(1)입니다. 찾으려는 대상이 리스트의 첫 번째 요소인 경우, 단 한 번의 단계만 수행해도 일치하는 것을 찾을 수 있기 때문입니다. 평균적으로 선형 탐색 알고리즘은 n/2번의 단계를 거칩니다.

데이터가 정렬되어 있지 않을 때는 리스트의 요소를 하나씩 모두 검사하는 선형 탐색을 사용하는 것이 좋습니다. **정렬된 데이터**^{Sorted Data}는 일정한 규칙에 따라 배열된 데이터를 말합니다. 예를 들어 다음과 같은 숫자 리스트를 오름차순이나 내림차순으로 정렬할 수 있습니다.

```
#정렬되지 않은 리스트
the_list = [12, 19, 13, 15, 14, 10, 18]

#오름차순으로 정렬된 리스트
the_list = [10, 12, 13, 14, 15, 18, 19]
```

데이터가 정렬되어 있다면 모든 요소를 검사하는 선형 탐색보다 효율적인 이진 탐색을 사용할 수 있습니다.

실제로 프로그래밍를 할 때는 선형 탐색을 직접 작성하는 것보다 파이썬에 내장된 in 키워드를 사용하는 것이 좋습니다. 파이썬의 in 키워드를 사용해 숫자 리스트를 선형 탐색하는 코드를 살펴봅시다.

```
unsorted_list = [1, 45, 4, 32, 3]
print(45 in unsorted_list)
```

in 키워드를 사용하면 단 한 줄로 선형 탐색을 수행할 수 있습니다.

숫자뿐만 아니라 문자열에서도 특정 글자를 찾기 위해 선형 탐색을 사용할 수 있습니다. 파이썬에서는 문자열에서 다음과 같이 선형 탐색을 수행합니다.

```python
print('a' in 'apple')
```

이진 탐색

이진 탐색 Binary Search은 리스트에서 숫자를 더 빠르게 탐색할 수 있는 알고리즘입니다. 하지만 데이터가 정렬된 상태일 때만 사용할 수 있으므로 모든 데이터 세트에 적용할 수 있는 것은 아닙니다.

이진 탐색은 탐색하고자 하는 리스트를 1/2로 줄여 나가는 탐색 방식입니다. 오름차순으로 정렬된 숫자 리스트에서 19를 찾는다고 합시다.

그림 3-1 | 이진 탐색에 사용할 정렬된 데이터 세트

이진 탐색의 첫 번째 단계는 중앙값, 즉 리스트의 중앙에 위치하는 숫자를 찾는 것입니다. 이 리스트에는 일곱 개의 숫자가 있으므로 중앙값은 14입니다.

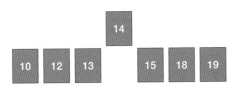

그림 3-2 | 이진 탐색의 중앙값

14는 찾는 숫자가 아니므로 계속 탐색합니다.

다음 단계는 찾는 숫자가 중앙값보다 큰지 작은지를 판단하는 것입니다. 19는 14보다 크므로 리스트에서 14보다 작은 쪽 절반은 탐색할 필요가 없습니다. 이제 남은 것은 14보다 큰 쪽 절반에 찾는 숫자가 있는지 확인하는 것입니다.

그림 3-3 | 이진 탐색의 다음 단계 – 데이터 제외

다시 중앙값을 찾는 과정을 반복합니다. 이번에는 18입니다.

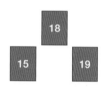

그림 3-4 | 이진 탐색의 중앙값 재탐색

18 역시 찾는 숫자가 아니므로 18보다 작은 쪽과 큰 쪽 중 어느 쪽을 버릴지 판단합니다. 19가 18보다 크므로 리스트에서 18보다 작은 쪽 절반은 버려도 됩니다.

이제 찾으려는 숫자 19만 남았습니다. 만약 하나 남은 숫자가 19가 아니었다면 이 리스트에는 19가 없다고 결론지을 수 있습니다.

그림 3-5 | 이진 탐색의 결과

선형 탐색을 사용했다면 모든 요소를 검사해 보는 7번의 단계를 거쳐 19를 찾았을 것입니다. 이진 탐색으로는 3번 만에 완료했죠. 선형 탐색에 필요한 단계의 절반도 되지 않습니다.[1]

파이썬에서 직접 이진 탐색을 작성하면 대략 다음과 같은 형태가 됩니다.

---

1 이진 탐색을 사용할 때 '중앙값을 찾기 위한 선형 탐색 과정이 또 필요하지 않을까'라는 생각이 들 수 있습니다. 그러나 이진 탐색은 애초에 정렬된 데이터를 대상으로 수행하므로 중앙값을 따로 찾을 필요가 없습니다. 중앙값은 항상 리스트의 정중앙에 위치하기 때문입니다.

```
def binary_search(a_list, n):
    first = 0
    last = len(a_list) -  1
    while last >= first:
        mid = (first + last) // 2
        if a_list[mid] == n:
            return True
        else:
            if n < a_list[mid]:
                last = mid -  1
            else:
                first = mid + 1
    return False
```

코드를 하나씩 살펴보겠습니다. binary_search 함수는 a_list와 찾고자 하는 숫자인 n을
매개변수로 받습니다.

```
def binary_search(a_list, n):
```

first와 last 변수에는 리스트의 처음과 마지막 자리(인덱스)를 저장합니다. 먼저 first의
값을 0으로 초기화해 리스트의 첫 번째 자리를 할당하고, last 변수에는 전체 리스트의 길이
에서 1을 뺀 값으로 설정해 리스트의 마지막 인덱스를 할당합니다. 두 변수의 값은 a_list를
쪼개는 과정에서 계속 바뀔 것입니다.

```
first = 0
last = len(a_list) - 1
```

이 알고리즘은 while 문을 통해 리스트에 요소가 남아 있는 한 계속 실행됩니다.

```
while last >= first:
```

while 루프에서 first와 last를 더하고 2로 나눠 a_list의 중간 지점을 찾습니다.

```
mid = (first + last) // 2
```

여기에서 나온 이중 슬래시는 **몫 연산자**[Floor Division Operator]입니다. 예를 들어 7을 2로 나눈 결과 3.5의 몫이 3인 것을 몫 연산자로 표현하면 7 // 2 = 3이 됩니다. 리스트의 인덱스는 항상 정수이고, 이 코드에서 찾는 중앙값 mid 역시 항상 정수여야 한다는 점에서 몫 연산자를 사용했습니다.

그 다음에는 if 조건문을 사용해 중앙값이 찾는 숫자와 일치하는지 확인하고, 일치하면 True 를 반환합니다.

```
if a_list[mid] == n:
    return True
```

일치하지 않으면 찾는 숫자가 중앙값보다 큰지 작은지를 판단합니다. 찾는 숫자가 중앙값보다 작다면 중앙값의 인덱스에서 1을 뺀 결과를 last에 저장합니다. 이렇게 하면 중앙값보다 큰 쪽 절반을 버리는 것이 됩니다.

```
if n < a_list[mid]:
    last = mid - 1
```

만약 찾는 숫자가 중앙값보다 크다면 중앙값의 인덱스에서 1을 뺀 결과를 first에 저장합니다. 이렇게 하면 중앙값보다 작은 쪽 절반을 버리는 것과 마찬가지가 됩니다.

```
else:
    first = mid + 1
```

다시 first와 last 변수를 사용해 리스트에서 중앙값의 인덱스를 찾고, 더 작아진 범위에서 루프를 반복합니다.

```
mid = (first + last) // 2
```

루프가 종료됐다면 찾으려는 숫자를 끝까지 찾지 못한 것이므로 False를 반환합니다.

```
return False
```

이진 탐색을 사용해야 할 때

이진 탐색 알고리즘의 시간 복잡도는 O(log n)입니다. 리스트 전체를 탐색할 필요가 없으므로 선형 탐색 알고리즘보다 효율적입니다. 이진 탐색에서는 리스트를 절반으로 나눌 때마다 필요 없는 부분을 버려 단계를 줄이기 때문입니다. 이진 탐색은 데이터가 많으면 많을수록 선형 탐색보다 효율적입니다. 예를 들어 백만 개의 숫자가 들어 있는 리스트를 탐색한다고 할 때, 선형 탐색에서는 최대 백만 번의 단계를 거쳐야 하지만 이진 탐색에서는 단 20번의 단계면 충분합니다.

이진 탐색은 로그 함수의 도움을 받아 탐색의 단계를 정리할 수 있습니다. 알고리즘이 로그 함수를 따른다는 말이 무슨 뜻인지부터 자세히 알아봅시다.

거듭제곱Exponentiation은 수학에서 b^n, 파이썬에서 b**n으로 표기하며 b에 b를 n번 곱하는 연산을 말합니다. 여기에서 숫자 b는 **밑**Base이고, 숫자 n은 **지수**Exponent입니다. 거듭제곱은 b의 n 제곱을 말하며, 2**2 = 2 * 2, 2**3 = 2 * 2 * 2 등을 예로 들 수 있습니다. 로그는 거듭제곱의 결과를 만든 n을 찾는 것입니다. 즉, 거듭제곱의 반대입니다. 예를 들어 2에 2를 몇 번 곱해야 8이 나올까요? 수학에서는 이를 $\log_2(8)$로 표기합니다. 2에 2를 세 번 곱해야 8이 나오므로 $\log_2(8)$은 3입니다.

그림 3-6 | 지수 표기법과 로그 표기법

이진 탐색을 다시 생각해 보겠습니다. 처음 리스트를 절반으로 나누면 리스트에는 n/2개의 요소가 남습니다. 두 번째 반복에서는 n/2/2개가 남고, 세 번째 반복에서는 n/2/2/2개가 남습니다. 즉, 이진 탐색의 첫 번째 단계에서는 n/2*1개, 세 번째 단계에서는 n/2**3개의 요소가 남는 것입니다. 이를 더 일반화하면 이진 탐색의 단계를 x번 반복했을 때 리스트가 n/2**x개로 줄어든다고 할 수 있습니다.[2]

이진 탐색으로 숫자를 찾을 때 로그를 활용하면 최악의 경우에서 몇 번의 단계가 필요한지 알 수 있습니다. 100개의 숫자가 들어 있는 리스트에 어떤 숫자가 있는지 확인하기 위해 몇 번의 이진 탐색이 필요한지 생각해 봅시다. 그 답은 2**n = 100의 n이며, 바로 $\log_2(100)$과 같습니다. 간단한 추리로 n을 예상해 볼까요? n이 5라면 2**5인 32는 너무 작습니다. 조금 더 반복해 2**6인 64는 역시 작지만, 2**7인 128은 100보다 크므로 7이 답이 됩니다. 즉, 100개의 요소가 있는 리스트에서 이진 탐색을 수행할 때는 7번의 단계를 거쳐야 그 리스트에 찾는 숫자가 없다는 것을 확인할 수 있습니다. 결국 100/2/2/2/2/2/2/2 < 1이 되는 것입니다.

이진 탐색은 리스트를 계속해서 절반으로 나눕니다. 이진 탐색의 실행 시간을 나타내는 로그의 밑이 2라는 뜻입니다. 하지만 로그에 상수를 곱해서 밑을 변경할 수 있으므로 빅 O 표기법에서는 로그의 밑이 중요하지 않습니다. 이를 수학적으로 자세히 설명하는 것은 이 책의 범위를 벗어납니다. 중요한 건 알고리즘이 로그 시간 복잡도를 따른다는 것이고, 이를 통해 알고리즘이 단계를 반복할 때마다 계산해야 하는 데이터가 절반으로 줄어든다는 것입니다.

이진 탐색은 대단히 효율적이기 때문에 데이터가 정렬되어 있다면 보통 이진 탐색을 사용하

---

2 n/2**x라고 표기한 것은 파이썬의 표기법 중 하나입니다. 이 식을 n/2 ** x라고 써도 결과는 같지만, 그러면 읽는 사람이 이 식을 (n/2)**x 인지, n/(2**x)인지 판단해야 합니다. 같은 식을 n/2**x라고 쓰면 2**x 부분이 하나의 단위인 것처럼 보여 좀 더 편하게 읽을 수 있기 때문에 이러한 표기법이 정착되었습니다.

는 것이 가장 좋습니다. 데이터가 정렬되어 있지 않다면 정렬 자체에 시간이 걸리더라도 일단 정렬하고 이진 탐색을 사용하는 것이 더 나을 수도 있습니다. 예를 들어 아주 큰 리스트가 있고, 이 리스트를 여러 번 탐색할 계획이라면 데이터를 한 번 정렬해 이후의 모든 탐색의 속도를 향상시키는 것을 고려할 만합니다.

선형 탐색과 마찬가지로 파이썬에는 이진 탐색을 위한 내장 모듈이 있으므로 실제 애플리케이션을 만들 때는 이 모듈을 사용합니다. 이진 탐색의 핵심은 bisect 모듈에 들어 있는 bisect_left입니다. 이 함수는 이진 탐색을 사용해 정렬된 리스트에 있는 요소의 인덱스를 찾습니다.

```python
from bisect import bisect_left

sorted_fruits = ['apple', 'banana', 'orange', 'plum']
bisect_left(sorted_fruits, 'banana')
```

실행 결과

```
1
```

여기서 bisect_left가 1을 반환한 것은 찾고자 하는 데이터 'banana'가 sorted_fruits의 인덱스 1에 위치하기 때문입니다. bisect_left는 정렬된 리스트에 탐색의 대상이 없는 경우 '존재했다면 있었을 인덱스'를 반환합니다.

```python
from bisect import bisect_left

sorted_fruits = ['apple', 'banana', 'orange', 'plum']
bisect_left(sorted_fruits, 'kiwi')
```

실행 결과

```
2
```

'kiwi'는 리스트에 없지만 만약 있었다면 알파벳 a와 o 사이인 인덱스 2에 위치했을 것입니다.

bisect_left는 리스트에 탐색의 대상이 없는 경우, 있어야 할 위치의 인덱스를 반환하므로 '찾으려는 요소'가 리스트에 있는지 확인하기 위해서는 먼저 그 '인덱스'가 리스트에 있는지 확인해야 합니다. (bisect_left가 리스트의 범위를 벗어난 인덱스를 반환할 수도 있으므로) bisect_left가 반환한 인덱스에 위치한 값이 찾으려는 요소와 일치하는지도 확인해야 합니다. 따라서 파이썬에서 bisect_left를 사용해 이진 탐색을 수행하려면 다음과 같은 코드가 필요합니다.

```python
from bisect import bisect_left

def binary_search(an_iterable, target):
    index = bisect_left(an_iterable, target)
    if index <= len(an_iterable) and an_iterable[index] == target:
        return True
    return False
```

bisect_left가 반환하는 인덱스가 리스트의 범위 안에 있고, 해당 인덱스에 위치한 값이 탐색의 대상과 일치한다면 찾으려는 요소가 리스트에 있는 것이므로 True를 반환합니다. 그렇지 않으면 리스트에 없는 것이므로 False를 반환합니다.

문자 탐색

파이썬에 내장된 선형 탐색과 이진 탐색 도구로 리스트를 탐색하는 방법을 배웠습니다. 하지만 숫자가 아닌 문자를 찾는 선형 탐색이나 이진 탐색 알고리즘을 직접 작성해야 한다면 어떻게 해야 할까요? 문자 탐색 방법을 이해하려면 컴퓨터가 문자를 어떻게 저장하는지부터 알아야 합니다.

문자 세트 Character Set는 문자와 이진수의 연결을 의미합니다. 컴퓨터 과학자는 문자 인코딩(코드화 또는 부호화)을 사용해 여러 가지 문자 세트를 만듭니다. ASCII(미국 정보 교환 표준 코드)에서는 알파벳의 각 글자를 7비트의 숫자와 연결합니다. [표 3-1]은 알파벳과 이진수의 연결을 정리한 것입니다.

십진수	이진수	문자	십진수	이진수	문자	십진수	이진수	문자	십진수	이진수	문자
0	0000 0000	[NUL]	32	0010 0000	space	64	0100 0000	@	96	0110 0000	`
1	0000 0001	[SOH]	33	0010 0001	!	65	0100 0001	A	97	0110 0001	a
2	0000 0010	[STX]	34	0010 0010	"	66	0100 0010	B	98	0110 0010	b
3	0000 0011	[ETX]	35	0010 0011	#	67	0100 0011	C	99	0110 0011	c
4	0000 0100	[EOT]	36	0010 0100	$	68	0100 0100	D	100	0110 0100	d
5	0000 0101	[ENQ]	37	0010 0101	%	69	0100 0101	E	101	0110 0101	e
6	0000 0110	[ACK]	38	0010 0110	&	70	0100 0110	F	102	0110 0110	f
7	0000 0111	[BEL]	39	0010 0111	'	71	0100 0111	G	103	0110 0111	g
8	0000 1000	[BS]	40	0010 1000	(	72	0100 1000	H	104	0110 1000	h
9	0000 1001	[TAB]	41	0010 1001	)	73	0100 1001	I	105	0110 1001	i
10	0000 1010	[LF]	42	0010 1010	*	74	0100 1010	J	106	0110 1010	j
11	0000 1011	[VT]	43	0010 1011	+	75	0100 1011	K	107	0110 1011	k
12	0000 1100	[FF]	44	0010 1100	,	76	0100 1100	L	108	0110 1100	l
13	0000 1101	[CR]	45	0010 1101	−	77	0100 1101	M	109	0110 1101	m
14	0000 1110	[SO]	46	0010 1110	.	78	0100 1110	N	110	0110 1110	n
15	0000 1111	[SI]	47	0010 1111	/	79	0100 1111	O	111	0110 1111	o
16	0001 0000	[DLE]	48	0011 0000	0	80	0101 0000	P	112	0111 0000	p
17	0001 0001	[DC1]	49	0011 0001	1	81	0101 0001	Q	113	0111 0001	q
18	0001 0010	[DC2]	50	0011 0010	2	82	0101 0010	R	114	0111 0010	r
19	0001 0011	[DC3]	51	0011 0011	3	83	0101 0011	S	115	0111 0011	s
20	0001 0100	[DC4]	52	0011 0100	4	84	0101 0100	T	116	0111 0100	t
21	0001 0101	[NAK]	53	0011 0101	5	85	0101 0101	U	117	0111 0101	u
22	0001 0110	[SYN]	54	0011 0110	6	86	0101 0110	V	118	0111 0110	v
23	0001 0111	[ETB]	55	0011 0111	7	87	0101 0111	W	119	0111 0111	w
24	0001 1000	[CAN]	56	0011 1000	8	88	0101 1000	X	120	0111 1000	x
25	0001 1001	[EM]	57	0011 1001	9	89	0101 1001	Y	121	0111 1001	y
26	0001 1010	[SUB]	58	0011 1010	:	90	0101 1010	Z	122	0111 1010	z
27	0001 1011	[ESC]	59	0011 1011	;	91	0101 1011	[	123	0111 1011	{
28	0001 1100	[FS]	60	0011 1100	〈	92	0101 1100	\	124	0111 1100	l
29	0001 1101	[GS]	61	0011 1101	=	93	0101 1101	]	125	0111 1101	}
30	0001 1110	[RS]	62	0011 1110	〉	94	0101 1110	^	126	0111 1110	~
31	0001 1111	[US]	63	0011 1111	?	95	0101 1111	_	127	0111 1111	[DEL]

표 3-1 | ASCII 차트

예를 들어 문자 A의 ASCII 값은 이진수로 1000001이고, 십진수로 65입니다. 또 b를 나타내는 이진수는 01100010입니다. 대문자, 소문자, 마침표, 숫자, 페이지 분할이나 줄 바꿈과 같은 동작을 나타내는 다양한 제어 문자는 모두 ASCII 코드가 있습니다. ASCII 표에 문자로 분류되어 있는 0부터 9까지는 ASCII 코드(80~89)가 할당되어 있습니다. 이들은 수학 계산에 사용하는 수리 데이터가 아니라 '뉴욕 브로드웨이 거리 26번지'와 같은 문자 데이터입니다. ASCII는 각각의 글자를 7비트의 이진수와 연결하므로 최대 2^7 = 128개의 문자를 표현할 수 있습니다. 하지만 대부분의 컴퓨터는 ASCII를 8비트로 확장해 256개의 문자를 표현합니다.

ASCII는 256개의 문자를 표현할 수 있지만, 일본어나 중국어 같은 언어의 문자를 나타내기에는 부족합니다. 컴퓨터 과학자들은 이것을 해결하기 위해 유니코드 문자 세트를 만들었습니다. 문자 인코딩이란 문자를 디지털로 표현하기 위해 숫자와 연결하는 것을 의미하는데, **UTF-8**은 컴퓨터 과학자들이 유니코드 문자 세트를 만들기 위해 사용한 문자 인코딩 방법 중 하나입니다. ASCII는 문자를 인코딩할 때 7비트 또는 8비트를 사용하지만, UTF-8은 32비트까지 사용할 수 있어 백만 개 이상의 문자를 표현할 수 있습니다. UTF-8은 알파벳을 저장할 때 ASCII와 같은 숫자를 사용하기 때문에 ASCII와 호환됩니다. 예를 들어 대문자 A는 ASCII와 UTF-8 모두에서 이진수 1000001로 나타냅니다.

파이썬에서는 내장된 ord() 함수를 사용해 문자의 ASCII 값을 반환합니다.

```
print(ord('a'))
```

실행 결과
```
97
```

실행 결과에서 볼 수 있듯이 소문자 a의 ASCII 값은 십진수로 97입니다.

ord() 함수는 문자의 ASCII 코드를 직접 다룰 때 적합합니다. 앞에서 만들었던 이진 탐색 알고리즘으로 문자를 탐색하려면 각 문자의 ASCII 값을 가져와 비교해야 합니다. 루프를 반복할 때마다 각 문자의 ASCII 코드가 찾으려는 문자의 ASCII 코드보다 큰지, 작은지, 같은지를 비교하면 됩니다. 이 문제는 독자 여러분의 연습문제로 남기겠습니다.

이제 선형 탐색과 이진 탐색이 어떻게 작동하는지 이해했고, 데이터를 탐색할 때 어떤 알고리즘을 사용해야 하는지도 알게 되었습니다. 이진 탐색은 매우 효율적이지만 데이터를 탐색할 때 가장 빠른 방법이라고는 할 수 없습니다. 가장 효율적인 탐색 방법인 해시 테이블과 해시 테이블이 어떻게 데이터를 탐색하는지는 PART 02. 자료구조에서 알아보겠습니다.

용어 복습

- **탐색 알고리즘** | 데이터 세트에서 특정 데이터를 찾는 알고리즘
- **데이터 세트** | 데이터의 모음
- **선형 탐색** | 데이터 세트의 모든 요소를 탐색 대상과 비교하는 탐색 방법
- **정렬된 데이터** | 일정한 기준에 따라 순서를 맞춘 데이터
- **이진 탐색** | 리스트에서 탐색의 범위를 1/2로 줄여 나가면서 숫자를 탐색하는 방법
- **몫 연산자** | 나눗셈의 결과에서 나머지를 버리고 몫을 반환하는 연산자
- **거듭제곱** | 같은 수 또는 문자를 여러 번 반복하여 곱셈한 것(b**n)
- **밑** | 거듭제곱에서 여러 번 반복하여 곱한 수 또는 문자(b^n의 b)
- **지수** | 거듭제곱에서 여러 번 반복하여 곱한 횟수(b^n의 n)
- **로그** | 거듭제곱의 지수(n)를 찾는 거듭제곱의 역
- **문자 세트** | 문자와 이진수의 연결
- **ASCII** | 정보 교환을 위해 알파벳과 7비트 숫자를 연결한 미국 표준 코드의 문자 세트
- **유니코드** | ASCII보다 훨씬 많은 256개의 문자를 저장할 수 있는 문자 세트
- **문자 인코딩** | 문자를 디지털로 저장하기 위해 숫자와 연결하는 것
- **UTF-8** | 컴퓨터 과학자들이 유니코드 문자 세트를 만들기 위해 사용한 문자 인코딩 방법

연습문제

1. 알파벳 순서로 정렬된 단어 리스트에 원하는 단어가 포함되어 있는지 확인하는 이진 탐색 알고리즘을 작성해 보세요.

정렬 알고리즘

> 버블 정렬은 비효율적인 방법이라고 생각합니다.
>
> 버락 오바마 Barack Obama

컴퓨터 과학자는 데이터를 탐색하는 것뿐만 아니라 정렬하는 일도 자주 해야 합니다. **데이터 정렬** Sorting Data이란 데이터를 일정한 순서로 배치하는 것을 말합니다. 예를 들어 숫자 리스트를 가장 작은 숫자에서 가장 큰 숫자로 정렬하는 것을 오름차순이라고 부릅니다. 또는 사용자가 읽었던 책을 기록하는 애플리케이션을 만든다고 상상해 봅시다. 이런 애플리케이션은 사용자가 원하는 다양한 방식으로 책을 정렬해서 보여줘야 할 것입니다. 분량이 가장 적거나 많은 책, 또는 가장 오래전에 읽거나 최근에 읽은 책 등 여러 가지 기준으로 나열할 수 있습니다.

정렬 알고리즘에는 다양한 방법이 있으며, 각각의 장단점이 있습니다. 어떤 정렬 알고리즘은 거의 정렬된 것이나 마찬가지인 리스트에서 가장 높은 효율을 보이기도 합니다. 이번 챕터에서는 버블 정렬과 삽입 정렬, 병합 정렬에 대해 알아보겠습니다. 이 외에도 퀵 정렬, 셸 정렬, 힙 정렬 등의 알고리즘이 자주 사용됩니다. 다양한 정렬 알고리즘 중 상당수는 특정 상황에서만 사용하는 경우가 많으므로 몇 가지 정렬 알고리즘을 먼저 알아보고, 파이썬에 내장된 정렬 함수의 사용 방법을 배워 보겠습니다. 실무에서는 이 내장 함수를 더 많이 사용합니다.

실무에서 프로그램을 만들 때는 가능한 한 여러분이 사용하는 프로그래밍 언어에서 제공하는 정렬 함수를 쓰는 것이 더 좋습니다. 여러분이 만들 수 있는 함수보다 파이썬과 같은 최신 프로그래밍 언어에 내장된 정렬 함수가 더 빠르기 때문입니다. 고전적인 정렬 알고리즘을 직접 구현해야 하는 경우는 극히 드뭅니다. 하지만 몇 가지 고전적인 정렬 알고리즘을 익혀 두면 시간 복잡도를 더 잘 이해할 수 있고, 병합 정렬의 병합 단계와 같이 정렬 이외의 상황에서 사용할 수 있는 개념을 배울 수 있습니다.

버블 정렬

버블 정렬 Bubble Sort은 숫자 리스트를 순회하면서 각 숫자를 다음 숫자와 비교하고, 순서가 올바르지 않으면 둘의 위치를 바꾸는 정렬 알고리즘입니다. 이 모습이 마치 액체 속에서 공기 방울이 올라가는 것처럼 보인다고 해서 버블 정렬이라는 이름이 붙었습니다.

다음과 같은 리스트가 있다고 합시다. 오름차순으로 정렬해 보죠.

```
[32, 1, 9, 6]
```

먼저 32와 1을 비교합니다.

```
[32, 1, 9, 6]
```

32가 더 크므로 32와 1의 위치를 바꿉니다.

```
[1, 32, 9, 6]
```

다음에는 32와 9를 비교합니다.

```
[1, 32, 9, 6]
```

이번에도 32가 더 크므로 다시 위치를 바꿉니다.

```
[1, 9, 32, 6]
```

마지막으로 32와 6을 비교합니다.

```
[1, 9, 32, 6]
```

역시 32가 더 크므로 위치를 바꿉니다.

```
[1, 9, 6, 32]
```

32가 리스트의 '끝으로 올라갔습니다bubble up'. 하지만 9와 6이 올바른 위치에 있지 않으므로 이 리스트는 아직 정렬되지 않았습니다. 따라서 알고리즘은 처음부터 다시 1과 9를 비교합니다.

```
[1, 9, 6, 32]
```

1은 9보다 크지 않으므로 아무 일도 일어나지 않습니다. 다시 9와 6을 비교합니다.

```
[1, 9, 6, 32]
```

9가 6보다 크므로 둘의 위치를 바꿉니다. 이제 리스트의 순서가 맞습니다.

```
[1, 6, 9, 32]
```

버블 정렬에서는 알고리즘이 첫 번째 단계를 끝냈을 때 가장 큰 숫자가 리스트의 마지막으로 이동합니다. 하지만 만약 가장 작은 숫자가 리스트의 맨 마지막에 있는 상태로 정렬을 시작한다면 이 숫자가 리스트의 처음으로 이동하기 위해 여러 번의 단계를 거쳐야 할 것입니다. 리스트가 다음과 같았다고 생각해 봅시다.

```
[32, 6, 9, 1]
```

이 경우 1이 리스트의 처음으로 이동하려면 네 번의 단계를 반복해야 합니다.

버블 정렬 알고리즘을 시각화하는 프로그램을 이용하면 이 알고리즘이 어떻게 동작하는지 더 잘 이해할 수 있습니다. 인터넷을 검색해 찾을 수 있는 많은 시각화 프로그램을 참고하여 이 번 챕터에서 설명하는 각각의 정렬 알고리즘을 더 확실히 이해해 보세요.[1]

다음은 파이썬에서 버블 정렬 알고리즘을 구현한 코드입니다.

```python
def bubble_sort(a_list):
    list_length = len(a_list) - 1
    for i in range(list_length):
        for j in range(list_length):
            if a_list[j] > a_list[j + 1]:
                a_list[j], a_list[j + 1] = a_list[j + 1], a_list[j]
    return a_list
```

먼저 숫자 리스트 a_list를 매개변수로 받는 bubble_sort 함수를 정의합니다.

```python
def bubble_sort(a_list):
```

먼저 함수에서는 리스트의 길이에서 1을 뺀 값을 list_length에 저장합니다. 이 변수는 알고리즘이 몇 번의 단계를 거칠지 결정합니다.

```python
list_length = len(a_list) - 1
```

이 함수에는 리스트를 반복적으로 비교하는 두 번 중첩된 루프가 있습니다.

---

[1] www.hackerearth.com/practice/algorithms/sorting/에 방문해 VISUALIZER 탭을 클릭하면 정렬 과정에서 숫자가 어떻게 이 동하면서 리스트의 순서가 정렬되는지 쉽게 이해할 수 있습니다.

```
for i in range(list_length):
    for j in range(list_length):
```

내부에 있는 for 루프에서는 if 문으로 현재 숫자와 그 다음 숫자를 비교합니다. 다음 숫자는 현재 숫자의 인덱스에 1을 더해서 가져왔습니다.

```
if a_list[j] > a_list[j + 1]:
```

이 코드가 현재 숫자를 가져옵니다.

```
a_list[j]
```

이 코드가 그 다음 숫자를 가져옵니다.

```
a_list[j + 1]
```

현재 숫자가 다음 숫자보다 크면 두 숫자의 위치를 바꿉니다. 파이썬에서는 다음과 같이 쉼표를 사용해 임시 변수를 쓰지 않고 두 요소의 위치를 바꿀 수 있습니다.

```
a_list[j], a_list[j + 1] = a_list[j + 1], a_list[j]
```

알고리즘의 비교 과정은 모두 내부 루프에서 일어납니다. 외부 루프는 필요한 만큼 알고리즘을 반복하기 위해 존재합니다. 앞에서 살펴봤던 리스트를 예로 들어 보겠습니다.

```
[32, 1, 9, 6]
```

리스트는 내부 루프를 한 번 반복하고 다음과 같이 바뀝니다. 가장 큰 숫자가 리스트의 마지막으로 이동했습니다.

```
[1, 9, 6, 32]
```

하지만 이 리스트는 아직 정렬되지 않았습니다. 이처럼 내부 루프만 있다면 알고리즘은 조기
종료되고, 리스트는 완전히 정렬되지 않습니다. 따라서 리스트가 완전히 정렬될 때까지 내부
루프를 반복하도록 하는 외부 루프가 필요합니다.

내부 루프에서 i를 빼는 형태로 바꾸면 버블 정렬 알고리즘의 효율을 조금 더 높일 수 있습니
다. 이렇게 하면 내부 루프가 두 번째 실행될 때 마지막 두 개의 숫자를 비교하지 않고, 세 번
째 실행될 때 마지막 세 개의 숫자를 비교하지 않는 식으로 진행됩니다.

```python
def bubble_sort(a_list):
    list_length = len(a_list) - 1
    for i in range(list_length):
        for j in range(list_length - i):
            if a_list[j] > a_list[j + 1]:
                a_list[j], a_list[j + 1] = a_list[j + 1], a_list[j]
    return a_list
```

내부 루프에서 마지막 숫자의 비교를 생략하는 이유는 리스트가 이미 그만큼 정렬됐기 때문
입니다. 이 버블 정렬 알고리즘에서는 첫 번째 반복이 끝나자 숫자 32가 리스트의 끝으로 이
동했습니다. 내부 루프를 한 번 거치면 가장 큰 숫자가 리스트 마지막으로 이동하고, 두 번 거
치면 두 번째로 큰 숫자가 마지막에서 두 번째 위치로 이동합니다. 그렇기 때문에 이들을 다
른 숫자와 비교할 필요가 없으므로 루프를 일찍 종료해도 안전한 것입니다. 다시 리스트를 봅
시다.

```
[32, 1, 9, 6]
```

내부 루프를 한 번 반복하고 다음과 같이 바뀌었습니다.

```
[1, 9, 6, 32]
```

첫 번째 반복이 끝나고 가장 큰 숫자가 이미 리스트의 마지막으로 이동했으므로 다른 숫자와 비교할 필요가 없습니다.

내부 루프를 두 번 반복하면 두 번째로 큰 숫자가 리스트의 마지막에서 두 번째 위치로 이동하게 됩니다.

```
[1, 6, 9, 32]
```

따라서 내부 루프를 조금씩 더 일찍 끝내도 됩니다.

내부 루프에서 서로 비교한 숫자의 위치를 바꿨는지 아닌지를 변수에 저장하면 더 효율적으로 버블 정렬을 개선할 수 있습니다. 내부 루프를 끝까지 진행했는데 숫자의 위치를 한 번도 바꾸지 않았다면 정렬되어 있는 것이므로 더는 비교할 필요가 없습니다.

```python
def bubble_sort(a_list):
    list_length = len(a_list) - 1
    for i in range(list_length):
        no_swaps = True
        for j in range(list_length - i):
            if a_list[j] > a_list[j + 1]:
                a_list[j], a_list[j + 1] = a_list[j + 1], a_list[j]
                no_swaps = False
        if no_swaps:
            return a_list
    return a_list
```

다시 작성한 코드에서는 내부 루프를 시작할 때 no_swaps를 True로 초기화하고, 내부 루프를 진행하면서 숫자의 위치를 바꿨다면 False로 값을 바꿉니다. 내부 루프를 끝까지 진행하고도 no_swaps가 True라면 리스트가 정렬된 것이므로 알고리즘을 끝내도 됩니다. 작은 변화지만 리스트가 거의 정렬된 상태로 정렬을 시작하면 버블 정렬에 필요한 시간을 상당히 아낄 수 있습니다.

버블 정렬을 사용해야 할 때

계속 숫자로만 예를 들었지만 버블 정렬을 포함한 모든 정렬 알고리즘은 문자열 정렬에도 쓸 수 있습니다. 예를 들어 각 단어의 첫 글자를 기준으로 문자열을 알파벳 순으로 정렬할 수 있습니다.

버블 정렬의 장점은 알고리즘이 단순한 편이어서 정렬 알고리즘을 배우기 시작하는 출발점으로 삼기에 적합합니다. 버블 정렬은 두 번 중첩된 for 루프에 의존하므로 알고리즘의 시간 복잡도는 O(n**2)입니다. 따라서 데이터 세트가 작으면 버블 정렬도 괜찮지만 데이터 세트가 크면 효율적인 선택이 아닙니다.

또 버블 정렬은 안정적입니다. **안정적인 정렬** Stable Sort이란 정렬 기준 이외의 요인 때문에 리스트의 순서가 바뀌지 않는다는 의미입니다. 예를 들어 네 가지 동물 이름이 데이터베이스의 레코드에 들어 있다고 합시다.

단어의 첫 글자를 기준으로 레코드를 정렬한다면 다음과 같이 정렬될 것입니다.

안정적인 정렬

이 결과는 안정적인 정렬의 한 예입니다. A로 시작하는 두 단어, Akita와 Albatross를 봤을 때 Akita의 뒤에 Albatross가 위치하는 기존의 순서를 그대로 유지했기 때문입니다. 반면 불안정한 정렬에서는 정렬의 기준으로 정한 A로 시작하는 동물의 이름이라는 기준 이외의 다른 요인에 의해 기존의 순서와 달라질 수 있습니다. 기존에는 Akita가 Albatross보다 앞에 위치하지만 불안정한 정렬을 마치고 나서는 Albatross가 Akita보다 앞에 위치할 수도 있다는 뜻입니다.

불안정한 정렬

즉, 안정적인 정렬에서는 정렬의 기준에만 맞으면 원래의 순서를 유지합니다.

버블 정렬은 안정적이지만 O(n**2)을 따르기 때문에 더 효율적인 정렬 알고리즘에 밀려 잘 활용하지 않습니다. 아마 학교를 졸업하고 나서는 이 알고리즘을 보는 일이 없을 것입니다.

삽입 정렬

삽입 정렬 Insertion Sort은 카드 묶음을 정렬하는 것과 비슷한 정렬 알고리즘입니다. 먼저 카드 묶음을 둘로 나눕니다. 왼쪽에는 정렬된 카드들이 있고, 오른쪽에는 정렬되지 않은 카드들이 있습니다. 오른쪽에 있는 카드를 하나씩 꺼내 정렬 규칙에 따라 왼쪽에 정렬된 카드들 사이에 '삽입'합니다. 이를 반복하면 오른쪽에 있는 모든 카드가 정렬되어 있던 왼쪽 카드들 사이의 올바른 위치에 정렬될 것입니다.

다음과 같이 네 개의 숫자로 구성된 리스트를 삽입 정렬로 정렬해 보겠습니다. 이 알고리즘은 리스트의 두 번째 요소인 5에서 시작합니다.

```
[6, 5, 8, 2]
```

현재 숫자를 이전 숫자와 비교합니다. 6이 5보다 크므로 위치를 바꿉니다.

```
[5, 6, 8, 2]
```

이제 리스트의 왼쪽 절반은 정렬됐고, 오른쪽은 정렬되지 않았습니다.

```
[5, 6, 8, 2]
```

정렬되지 않은 오른쪽에 있는 숫자들 중 첫 번째, 즉 리스트의 세 번째 숫자를 이전 숫자와 비교합니다. 8이 6보다 크므로 6과 8의 위치는 바뀌지 않습니다.

```
[5, 6, 8, 2]
```

왼쪽에 있는 숫자는 이미 정렬됐으므로 8과 5를 비교할 필요가 없습니다.

```
[5, 6, 8, 2]
```

다음에는 8과 2를 비교합니다.

    [5, 6, 8, 2]

8이 2보다 크므로 8과 2의 위치를 바꾸고, 정렬된 왼쪽 절반의 리스트와 2를 하나씩 확인합니다. 비교를 반복한 2가 리스트의 맨 앞으로 이동해 전체 리스트가 정렬될 때까지 반복합니다.

    [5, 6, 2, 8]
    [5, 2, 6, 8]
    [2, 5, 6, 8]

다음은 파이썬에서 삽입 정렬 알고리즘을 구현한 코드입니다.

```python
def insertion_sort(a_list):
    for i in range(1, len(a_list)):
        value = a_list[i]
        while i > 0 and a_list[i - 1] > value:
            a_list[i] = a_list[i - 1]
            i = i - 1
        a_list[i] = value
    return a_list
```

먼저 숫자 리스트 a-list를 매개변수로 받는 insertion_sort 함수를 정의합니다.

```python
def insertion_sort(a_list):
```

이 함수는 for 루프를 사용해 리스트의 각 요소를 하나씩 비교합니다. 그리고 while 루프를 사용해 정렬된 왼쪽 절반의 어느 위치에 숫자를 삽입할지 결정합니다.

```
for i in range(1, len(a_list)):
    ...
    while i > 0 and a_list[i - 1] > value:
        ...
```

for 루프는 리스트의 두 번째 요소인 인덱스 1에서 시작합니다. 그리고 현재 숫자를 value 변수에 저장합니다.

```
for i in range(1, len(a_list)):
    value = a_list[i]
```

while 루프는 정렬되지 않은 오른쪽에서 꺼낸 요소를 정렬된 왼쪽으로 옮깁니다. 이 과정은 i가 0보다 크고, 리스트의 '이전' 요소가 value에 저장한 '다음' 요소보다 크면(즉, 정렬되지 않았다면) 루프를 계속 반복합니다. i가 0보다 크다는 조건이 필요한 이유는 두 개의 숫자를 비교하는 while 루프에서 i가 0이라면 리스트의 첫 번째 요소이므로 비교할 대상이 없기 때문입니다.

```
while i > 0 and a_list[i - 1] > value:
```

while 루프는 value에 저장한 숫자가 리스트의 이전 요소보다 더 작을 때만 실행되며, while 루프에서는 더 큰 숫자를 리스트의 오른쪽으로 옮깁니다. 그 다음에는 정렬된 왼쪽의 어디에 숫자를 삽입할지 결정합니다. i를 1씩 줄이면서 왼쪽에 있는 숫자들과 비교해 위치를 결정하게 됩니다.

```
while i > 0 and a_list[i - 1] > value:
    a_list[i] = a_list[i - 1]
    i = i - 1
```

while 루프가 끝나면 value에 저장된 현재 숫자를 앞에서 결정한 위치에 삽입합니다.

```
a_list[i] = value
```

이제 삽입 정렬 알고리즘이 다음의 리스트를 어떻게 정렬하는지 한 단계씩 살펴봅시다.

```
[6, 5, 8, 2]
```

for 루프를 처음 실행할 때의 i는 1이고, value는 5입니다.

```
for i in range(1, len(a_list)):
    value = a_list[i]
```

i인 1은 0보다 크고, 그 값인 5는 6보다 작으므로 다음의 테두리로 강조된 부분이 True로 평가되어 while 루프가 실행됩니다.

```
while i > 0 and a_list[i - 1] > value:
    a_list[i] = a_list[i - 1]
    i = i - 1
a_list[i] = value
```

while 루프가 실행되고, 두 번째 행에 있는 다음 코드는

```
while i > 0 and a_list[i - 1] > value:
    a_list[i] = a_list[i - 1]
    i = i - 1
a_list[i] = value
```

이전의 리스트를 다음과 같이 바꿉니다.

[[6, 5], 8, 2]

[[6, 6], 8, 2]

그 다음 코드는 i를 1만큼 줄입니다.

```
while i > 0 and a_list[i - 1] > value:
    a_list[i] = a_list[i - 1]
    i = i - 1
a_list[i] = value
```

이제 i가 0이 되었으므로 while 루프가 종료됩니다.

```
while i > 0 and a_list[i - 1] > value:
    a_list[i] = a_list[i - 1]
    i = i - 1
a_list[i] = value
```

그 다음 코드를 실행합니다.

```
while i > 0 and a_list[i - 1] > value:
    a_list[i] = a_list[i - 1]
    i = i - 1
a_list[i] = value
```

이전의 리스트를 아래와 같이 바꿉니다.

[[6, 6], 8, 2]

```
[5, 6, 8, 2]
```

이렇게 리스트의 첫 번째와 두 번째 요소를 정렬했습니다. 이제 알고리즘은 같은 과정을 반복해 8과 2가 들어 있는 오른쪽을 마저 정렬할 것입니다.

삽입 정렬을 사용해야 할 때

삽입 정렬은 버블 정렬과 마찬가지로 안정적입니다. 또한 똑같이 시간 복잡도 O(n**2)을 따르므로 아주 효율적이지 않은 것도 버블 정렬과 같습니다. 하지만 실무에서는 삽입 정렬은 사용해도 버블 정렬은 사용하지 않습니다. 정렬되어 있거나 거의 정렬된 리스트에서 삽입 정렬의 시간 복잡도는 O(n)으로 아주 효율적이지만, 버블 정렬의 시간 복잡도는 여전히 O(n**2)이므로 리스트의 상태와 무관하게 비효율적이기 때문입니다.

다음과 같은 리스트가 있다고 합시다.

```
[1, 2, 3, 4, 5, 7, 6]
```

마지막 두 개를 제외하면 이 리스트의 숫자들은 모두 정렬된 상태입니다. 삽입 정렬의 while 루프는 두 숫자의 순서가 바르지 않을 때만 실행되므로 이렇게 거의 정렬된 리스트를 삽입 정렬로 정렬할 때는 while 루프가 단 한 번 실행되어 여덟 단계만 거치면 됩니다. 두 번째 루프가 한 번만 실행되므로 이 리스트의 시간 복잡도는 선형입니다.

병합 정렬

병합 정렬 Merge Sort이란 리스트를 계속해서 반으로 나눠 요소가 한 개뿐인 리스트로만 남았을 때, 이들을 올바른 순서대로 다시 합치는 재귀 정렬 알고리즘입니다. 병합 정렬은 다음의 [그림 4-1]처럼 원래 리스트가 한 개의 숫자로만 이뤄진 서브 리스트들로 나뉠 때까지 분할을 계속합니다.

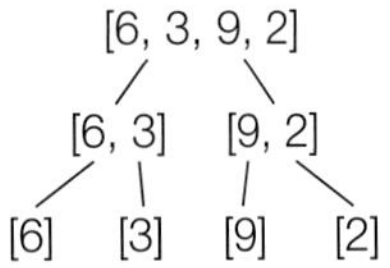

```
          [6, 3, 9, 2]
          /         \
      [6, 3]      [9, 2]
      /    \      /    \
   [6]    [3]  [9]    [2]
```

그림 4-1 | 병합 정렬의 첫 번째 단계

요소가 하나뿐이라면 리스트가 정렬된 상태라고 할 수 있으므로 병합 정렬의 다음 단계는 요소가 하나만 있는 정렬된 리스트들의 첫 번째 요소를 비교하여 하나씩 병합하는 것입니다. 여기서 병합은 리스트들을 정렬한 순서대로 합친다는 뜻입니다.

먼저 [6]과 [3]을 병합하고 다음에는 [9]와 [2]를 병합합니다. 각 리스트에는 하나의 숫자만 있으므로 두 숫자를 비교해 더 작은 숫자를 새로 병합된 리스트의 처음 위치에 놓습니다. 이제 두 개의 정렬된 리스트가 생겼습니다.

```
[3, 6], [2, 9]
```

이제 리스트 두 개를 병합할 차례입니다.

```
#병합 전
[3, 6], [2, 9]

#병합 후
[]
```

먼저 두 리스트의 첫 번째 요소인 3과 2를 비교합니다. 2가 더 작으므로 새로운 병합 리스트에 들어갑니다.

```
#병합 전
[3, 6], [9]
```

```
#병합 후
[2]
```

이제 3과 9를 비교합니다. [3, 6]은 정렬된 상태이고, 3이 더 작으므로 병합 리스트에 들어갑니다.

```
#병합 전
[6], [9]

#병합 후
[2, 3]
```

마지막으로 6과 9를 비교합니다. 6이 더 작으므로 병합 리스트에 넣고, 그 다음 9도 마저 넣습니다.

```
#병합 전
[], []

#병합 후
[2, 3, 6, 9]
```

병합을 모두 끝내고 정렬된 리스트 하나만 남았습니다.

다음은 파이썬에서 병합 정렬을 구현한 코드입니다.

```
def merge_sort(a_list):
    if len(a_list) > 1:
        mid = len(a_list) // 2
        left_half = a_list[:mid]
        right_half = a_list[mid:]
        merge_sort(left_half)
```

```
        merge_sort(right_half)

        left_ind = 0
        right_ind = 0
        alist_ind = 0
        while left_ind < len(left_half) and right_ind < len(right_half):
            if left_half[left_ind] <= right_half[right_ind]:
                a_list[alist_ind] = left_half[left_ind]
                left_ind += 1
            else:
                a_list[alist_ind] = right_half[right_ind]
                right_ind += 1
            alist_ind += 1

        while left_ind < len(left_half):
            a_list[alist_ind] = left_half[left_ind]
            left_ind += 1
            alist_ind += 1

        while right_ind < len(right_half):
            a_list[alist_ind] = right_half[right_ind]
            right_ind += 1
            alist_ind += 1
```

리스트를 서브 리스트로 분할하는 부분은 2행에서 7행의 코드입니다.

```
    if len(a_list) > 1:
        mid = len(a_list) // 2
        left_half = a_list[:mid]
        right_half = a_list[mid:]
        merge_sort(left_half)
        merge_sort(right_half)
```

나머지는 리스트를 병합하는 부분에 해당합니다.

```python
left_ind = 0
right_ind = 0
alist_ind = 0
while left_ind < len(left_half) and right_ind < len(right_half):
    if left_half[left_ind] <= right_half[right_ind]:
        a_list[alist_ind] = left_half[left_ind]
        left_ind += 1
    else:
        a_list[alist_ind] = right_half[right_ind]
        right_ind += 1
    alist_ind += 1

while left_ind < len(left_half):
    a_list[alist_ind] = left_half[left_ind]
    left_ind += 1
    alist_ind += 1

while right_ind < len(right_half):
    a_list[alist_ind] = right_half[right_ind]
    right_ind += 1
    alist_ind += 1
```

이 알고리즘의 핵심은 재귀입니다. 먼저 리스트를 분할하는 부분의 코드를 하나씩 살펴봅시다. 앞에 예로 들었던 숫자 리스트로 알아보겠습니다.

```python
[6, 3, 9, 2]
```

맨 처음 호출한 merge_sort 함수는 세 개의 변수를 생성합니다.

```
#첫 번째 호출
a_list      = [6, 3, 9, 2]
left_half   = [6, 3]
right_half  = [9, 2]
```

merge_sort 함수에 a_list를 매개변수로 전달해 호출하면 다음에 이어지는 코드가 a_list
를 절반으로 나눕니다.

```
mid = len(a_list) // 2
left_half = a_list[:mid]
right_half = a_list[mid:]
```

그 다음 left_half를 매개변수로 전달하면서 다시 자신을 호출(재귀)합니다.

```
merge_sort(left_half)
```

이제 파이썬은 재귀를 통해 세 개의 변수를 더 생성합니다.

```
#두 번째 호출
a_list      = [6, 3]
left_half   = [6]
right_half  = [3]
```

여기서 중요한 건 첫 번째 호출에서의 left_half와 두 번째 호출의 a_list가 같은 리스트라
는 것입니다. 두 번째 호출에서 a_list를 수정하면 첫 번째 호출에서의 left_half에도 그
결과가 반영됩니다.

이제 코드는 다시 자신을 호출하지만, 이번에는 left_half가 [6]이므로 종료 조건인
len(a_list) > 1을 만족해 재귀 호출이 종료됩니다.

```
    merge_sort(right_half)
```

마찬가지로 right_half가 [3]이므로 역시 종료 조건을 만족해 재귀 호출이 종료됩니다.

```
    if len(a_list) > 1:
```

이제 병합 코드를 실행할 차례입니다. 병합 코드는 [6]인 left_half와 [3]인 right_half
를 병합해 그 결과를 a_list에 저장합니다. 이렇게 a_list가 정렬됐습니다.

```
    #두 번째 호출
    a_list      = [3, 6]
    left_half  = [6]
    right_half = [3]
```

앞에서 언급했듯 두 번째 호출에서 a_list를 수정하면 그 결과가 첫 번째 호출의 left_half
에 반영됩니다.

파이썬이 처음 함수를 호출했을 때의 상태는 원래 다음과 같았습니다.

```
    #첫 번째 호출
    a_list      = [6, 3, 9, 2]
    left_half  = [6, 3]
    right_half = [9, 2]
```

하지만 두 번째 호출에서 a_list를 수정했으므로 이 결과가 첫 번째 호출의 left_half에 반
영됩니다. 따라서 첫 번째 호출의 상태는 다음과 같이 바뀝니다.

```
    #첫 번째 호출
    a_list      = [3, 6, 9, 2]
```

```
left_half  = [3, 6]
right_half = [9, 2]
```

이 과정이 중요합니다. 종료 조건을 만족하므로 파이썬은 다시 이전 상태로 돌아가 `left_half`가 정렬되었습니다.

재귀 호출이 이어지고 같은 방식으로 `right_half`가 정렬됩니다. 이렇게 다음과 같이 첫 번째 호출의 상태가 바뀝니다.

```
#첫 번째 호출
a_list     = [3, 6, 9, 2]
left_half  = [3, 6]
right_half = [2, 9]
```

첫 번째 호출에서 `right_half` 역시 정렬되었습니다. 이제 알고리즘이 첫 번째 호출로 돌아와 `left_half`와 `right_half`를 병합합니다. `left_half`와 `right_half`, 두 리스트가 이전의 재귀 호출을 통해 이미 정렬된 상태이므로 둘을 병합해 정렬된 리스트로 만들면 됩니다.

이제 두 리스트를 병합하는 부분의 코드를 살펴봅시다. 병합 코드는 다음과 같이 세 개의 변수를 0으로 초기화하면서 시작합니다.

```
left_ind = 0
right_ind = 0
alist_ind = 0
```

각각의 변수 `left_half`, `right_half`, `a_list`는 세 개 리스트의 인덱스를 저장하는 데 사용됩니다.

다음 코드는 `left_half`의 첫 번째 요소와 `right_half`의 첫 번째 요소를 비교해 더 작은 숫자를 `a_list`의 정확한 위치로 옮깁니다.

```
    while left_ind < len(left_half) and right_ind < len(right_half):
        if left_half[left_ind] <= right_half[right_ind]:
            a_list[alist_ind] = left_half[left_ind]
            left_ind += 1
        else:
            a_list[alist_ind] = right_half[right_ind]
            right_ind += 1
        alist_ind += 1
```

다음 코드는 병합 과정을 마무리하며, 병합하는 두 리스트가 고르지 않은 상황도 처리할 수 있습니다.

```
    while left_ind < len(left_half):
        a_list[alist_ind] = left_half[left_ind]
        left_ind += 1
        alist_ind += 1

    while right_ind < len(right_half):
        a_list[alist_ind]= right_half[right_ind]
        right_ind += 1
        alist_ind += 1
```

예를 들어 다음의 두 리스트를 병합한다고 합시다.

```
    [2], [6, 3]
```

파이썬은 다음의 세 변수와 병합 코드를 호출합니다.

```
    left_ind  = 0
    right_ind = 0
    alist_ind = 0
```

```
a_list      = [6, 3]
left_half   = [6]
right_half  = [3]
```

코드에서 left_ind < len(left_half)와 right_ind < len(right_half)가 True이므로 while 루프에 진입합니다.

```
left_half[left_ind] <= right_half[right_ind]:
```

6 <= 3이 False이므로 else: 다음 코드로 넘어갑니다.

```
if left_half[left_ind] <= right_half[right_ind]:
    a_list[alist_ind] = left_half[left_ind]
    left_ind += 1
else:
    a_list[alist_ind] = right_half[right_ind]
    right_ind += 1
alist_ind += 1
```

이제 변수는 다음과 같이 바뀝니다.

```
left_ind    = 0
right_ind   = 1
alist_ind   = 1

a_list      = [3, 3]
left_half   = [6]
right_half  = [3]
```

while 루프가 다시 실행될 때는 right_ind가 right_half의 길이보다 작지 않으므로 다음 코드로 넘어가지 않습니다.

```python
while left_ind < len(left_half) and right_ind < len(right_half):
    if left_half[left_ind] <= right_half[right_ind]:
        a_list[alist_ind] = left_half[left_ind]
        left_ind += 1
    else:
        a_list[alist_ind] = right_half[right_ind]
        right_ind += 1
    alist_ind += 1
```

left_ind가 left_half의 길이보다 작으므로 이제 다음 코드가 실행됩니다.

```python
while left_ind < len(left_half):
    a_list[alist_ind] = left_half[left_ind]
    left_ind += 1
    alist_ind += 1

while right_ind < len(right_half):
    a_list[alist_ind]= right_half[right_ind]
    right_ind += 1
    alist_ind += 1
```

이제 변수는 다음과 같이 바뀝니다.

```python
left_ind    = 1
right_ind   = 1
alist_ind   = 2

a_list      = [3, 6]
left_half   = [6]
right_half  = [3]
```

병합이 완료되면서 리스트도 정렬되었습니다.

병합 정렬을 사용해야 할 때

병합 정렬은 분할 정복 알고리즘의 한 예입니다. **분할 정복 알고리즘**Divide-and-Conquer Algorithm은 재
귀를 통해 문제를 두 개 이상의 더 작은 문제로 분할하여 각각의 작은 문제들이 해결될 때까
지 나누기를 반복하는 알고리즘입니다. 병합 정렬은 각각의 서브 리스트에 하나의 요소만 남
을 때까지 분할을 반복하죠. 리스트에 요소가 하나만 있다면 그 자체로 정렬된 것이므로 문제
가 단순해집니다. 병합 정렬의 시간 복잡도는 O(n log n)입니다. 리스트를 서브 리스트로
분할하는 단계는 로그 함수를 따르고, 서브 리스트를 병합하는 단계는 요소의 개수에 비례하
는 선형 시간을 따르기 때문입니다. 병합 정렬은 선형 로그 시간 복잡도를 따르므로 가장 효
율적인 정렬 알고리즘 중 하나로 널리 사용되고 있습니다. 버블 정렬, 삽입 정렬과 마찬가지
로 병합 정렬 역시 안정적인 정렬 알고리즘 중 하나입니다. 파이썬에서도 병합 정렬을 내장
정렬 알고리즘으로 사용하고 있으므로 곧 알아보겠습니다.

병합 정렬에서 병합의 개념을 충분히 이해했다면 정렬이 아닌 다른 상황에도 적용할 수 있습
니다. 예를 들어 학생 50명이 있는 교실이 있다고 합시다. 학생들이 각자 조금씩 갖고 있는
돈이 최대 1달러라고 할 때, 돈을 모두 합치는 가장 좋은 방법은 무엇일까요? 먼저 교사가 모
든 학생에게 가진 돈이 얼마인지를 묻고, 이를 모으는 방법을 떠올릴 수 있습니다. 이 방법은
선형 탐색과 유사하며, 시간 복잡도 O(n)을 따릅니다. 선형 시간보다는 학생들이 직접 돈을
합치는 것이 더 효율적입니다. 이런 식으로 생각해 보죠. 모든 학생이 각자 자신의 뒤에 있는
학생에게 돈을 받아 자신이 갖고 있는 돈과 합칩니다. 뒤에서 돈을 건네준 학생은 교실 밖으
로 나갑니다. 교실에 단 한 명의 학생만 남을 때까지 반복하면 돈이 전부 합쳐지는 것입니다.
50명 모두에게 가진 돈을 묻고 모았던 50번의 단계가 단 7번의 단계(50 → 25 → 13 → 7 →
4 → 2 → 1)로 줄어듭니다.

파이썬의 정렬 알고리즘

파이썬에는 sorted와 sort, 두 가지의 정렬 함수가 있습니다. 파이썬은 병합 정렬과 삽입 정렬을 조합한 팀 정렬Timsort이라는 하이브리드 정렬 알고리즘도 사용합니다. **하이브리드 정렬 알고리즘**Hybrid Sorting Algorithm은 문제를 해결하는 데 두 개 이상의 알고리즘을 결합한 알고리즘을 말합니다. 데이터에 따라 하나의 알고리즘을 선택하거나, 알고리즘을 진행하면서 알고리즘을 바꿔 가며 문제를 해결합니다. 파이썬의 팀 정렬은 삽입 정렬과 병합 정렬을 결합하여 만든 효율적인 알고리즘이므로 정렬 알고리즘을 직접 작성하기보다는 파이썬에 내장된 정렬 알고리즘을 사용하는 것이 좋습니다.

파이썬의 sorted 함수는 파이썬이 데이터를 서로 비교할 수만 있다면 어떤 이터러블 데이터**2**든 정렬할 수 있습니다. 예를 들어, 다음과 같이 정수로 이뤄진 리스트에서 sorted 함수를 호출하면 리스트의 정수를 오름차순으로 정렬한 새로운 리스트가 반환됩니다.

```
a_list = [1, 8, 10, 33, 4, 103]
print(sorted(a_list))
```

실행 결과

```
[1, 4, 8, 10, 33, 103]
```

다음과 같은 문자열 리스트에서 sorted 함수를 호출하면 각 문자열의 첫 번째 글자를 알파벳 순으로 정렬한 새로운 리스트가 반환됩니다.

```
a_list = ["Guido van Rossum", "James Gosling", "Brendan Eich", "Yukihiro
Matsumoto"]
print(sorted(a_list))
```

---

2 이터러블 데이터(Iterable Data)란 데이터의 모든 요소를 거쳐 반복적으로 비교할 수 있는 자료구조를 가리키는 말로, 리스트나 문자열 등이 있습니다. 예를 들어, 이터러블 데이터 'cbaedfg'에서 sorted('cbaedfg')를 호출하면 정렬된 리스트 ['a', 'b', 'c', 'd', 'e', 'f', 'g']가 반환됩니다.

```
['Brendan Eich', 'Guido van Rossum', 'James Gosling', 'Yukihiro Matsumoto']
```

sorted 함수는 옵션으로 reverse를 매개변수로 받습니다. 내림차순으로 정렬하고 싶다면 reverse=True 매개변수를 전달하면 됩니다.

```
a_list = [1, 8, 10, 33, 4, 103]
print(sorted(a_list, reverse=True))
```

```
[103, 33, 10, 8, 4, 1]
```

sorted 함수에는 key라는 매개변수도 있습니다. 파이썬은 리스트의 각 요소에서 이 key 함수를 호출해 그 결과를 기준으로 정렬합니다. 예를 들어 key에 len 함수를 전달하면 다음과 같이 문자열의 길이를 기준으로 정렬합니다.

```
a_list = ["onehundred", "five", "seventy", "two"]
print(sorted(a_list, key=len))
```

```
['two', 'five', 'seventy', 'onehundred']
```

파이썬에는 sorted 말고도 sort라는 정렬 함수가 있습니다. sort는 sorted와 같은 매개변수를 받지만, sorted와는 달리 리스트에만 사용할 수 있습니다. 또한 sort는 sorted처럼 새로운 리스트를 반환하지 않고, 원래 리스트를 수정합니다. 앞에서 살펴본 리스트에서 sort를 호출해 봅시다.

```
a_list = [1, 8, 10, 33, 4, 103]
a_list.sort()
print(a_list)
```

```
[1, 4, 8, 10, 33, 103]
```

sort 함수가 원래 리스트를 오름차순으로 정렬하는 것을 확인할 수 있습니다.

용어 복습

- **데이터 정렬** | 데이터를 일정한 순서로 배치하는 일
- **버블 정렬** | 숫자 리스트를 순회하면서 각 숫자를 다음 숫자와 비교해 순서가 올바르지 않을 때 서로 위치를 바꾸는 정렬 알고리즘
- **안정적인 정렬** | 정렬 기준과 관계가 없다면 데이터의 순서가 바뀌지 않는 정렬 방법
- **삽입 정렬** | 데이터를 순차적으로 순회하면서 정렬 규칙에 맞지 않는 요소를 찾고, 그 요소를 올바른 위치에 다시 삽입하는 정렬 알고리즘
- **병합 정렬** | 리스트를 요소가 하나뿐인 서브 리스트로 분할한 다음 올바른 순서로 다시 합치는 재귀 정렬 알고리즘
- **분할 정복 알고리즘** | 문제를 두 개 이상의 더 작은 문제로 분할해 작은 문제들이 해결될 때까지 분할을 반복하는 알고리즘
- **하이브리드 정렬 알고리즘** | 문제를 해결하는 데 두 개 이상의 알고리즘을 결합하여 적용하는 알고리즘

연습문제

1. 버블 정렬, 삽입 정렬, 병합 정렬 외의 다른 정렬 알고리즘을 알아보고, 직접 작성해 보세요.

문자열 알고리즘

> 컴퓨터 프로그래밍은 기업가가 배워야 할 중요한 기술 중 하나입니다. 기술 스타트업을 시작하는
> 데는 당연히 필수적인 소양이지만, 소프트웨어가 모든 걸 바꾸고 있으므로 코드에 대한 기본 지식
> 만 있어도 기존 분야에서 유용하게 활용할 수 있습니다.
>
> — 레디 호프만Redi Hoffman

기술 면접에서 가장 자주 나오는 문자열 관련 문제를 푸는 방법을 알아보겠습니다. 소프트웨어 개발자 일을 하면서 실제로 애너그램을 찾는 프로그램을 만들 일은 거의 없지만, 애너그램을 찾는 방법을 공부하면 정렬과 같은 개념을 활용해 실무에서 문제를 해결하는 방법을 익힐 수 있습니다. 또한 함께 배울 나머지 연산이나 리스트 축약 같은 개념은 일상적인 프로그래밍에도 매우 유용합니다.

애너그램 찾기

애너그램Anagram이란 문자의 순서나 대소에 관계없이 똑같은 문자들로 구성된 두 문자열을 말합니다. 예를 들어 Car와 arc는 애너그램입니다. 두 문자열이 애너그램인지 판단하는 것의 핵심은 정렬입니다. 정렬된 문자열이 일치한다면 두 문자열은 애너그램이기 때문입니다. 두 문자열 s1, s2가 애너그램인지 판단하는 알고리즘을 살펴봅시다.

```
def is_anagram(s1, s2):
    s1 = s1.replace(' ','').lower()
```

```
        s2 = s2.replace(' ','').lower()
        if sorted(s1) == sorted(s2):
            return True
        else:
            return False


s1 = 'Emperor Octavian'
s2 = 'Captain over Rome'
print(is_anagram(s1,s2))
```

```
True
```

때때로 애너그램은 여러 개의 단어로 구성되기도 하고, 대문자와 소문자가 포함되기도 하므로 먼저 문자열에서 공백을 모두 제거하고 소문자로 통일합니다.

```
s1 = s1.replace(' ','').lower()
s2 = s2.replace(' ','').lower()
```

그리고 두 문자열을 정렬해 비교합니다. 정렬한 결과가 일치하면 애너그램이므로 True를 반환하고, 일치하지 않으면 애너그램이 아니므로 False를 반환합니다.

```
if sorted(s1) == sorted(s2):
    return True
else:
    return False
```

애너그램을 찾는 알고리즘은 파이썬의 sorted 함수를 사용하므로 시간 복잡도 O(n log n)을 따릅니다.

팰린드롬 찾기

팰린드롬(회문)^{Palindrome}이란 앞에서 읽으나 거꾸로 읽으나 똑같은 단어를 말합니다. Hannah, mom, wow, racecar 등이 모두 팰린드롬입니다. 문자열이 팰린드롬인지 판단하는 방법은 여러 가지입니다. 그중 하나가 문자열을 복사해 순서를 뒤집은 다음 원래 문자열과 비교하는 것인데, 두 문자열이 일치하면 팰린드롬인 것입니다.

파이썬에서 문자열을 뒤집어 보겠습니다.

```
print("blackswan"[::-1])
```

> **실행 결과**
>
> nawskcalb

다음은 문자열이 팰린드롬인지를 확인하는 코드입니다.

```
def is_palindrome(s1):
    if s1.lower() == s1[::-1].lower():
        return True
    return False
```

먼저 내장 함수 lower로 문자를 모두 소문자로 바꾸고, 파이썬의 슬라이스 문법[1]으로 문자열을 뒤집어 원래 문자열과 비교합니다.

```
if s1.lower() == s1[::-1].lower():
```

두 문자열이 일치하면 팰린드롬이므로 True를 반환합니다.

---

1 슬라이스(slice)란 일부를 잘라 낸다는 뜻으로, 파이썬에서는 콜론(:) 기호를 사용해 리스트의 일부를 잘라 새 리스트를 만듭니다. 예를 들어 a[0:3]은 리스트 a의 0번째부터 3번째 인덱스를 요소로 가져오고, a[3::2]는 3번째 인덱스부터 2씩 증가시키면서 마지막 요소까지 가져와 새 리스트를 만듭니다. 따라서 본문의 s1[::-1]은 리스트 s1의 마지막 요소부터 1씩 인덱스를 감소시키면서 요소를 가져와 결국 뒤집은 문자열을 만들게 됩니다.

```
    return True
```

일치하지 않으면 팰린드롬이 아니므로 False를 반환합니다.

```
    return False
```

팰린드롬인지 아닌지를 확인하는 알고리즘에서 가장 느린 부분은 문자열을 뒤집는 슬라이스 문법 부분입니다. 리스트를 뒤집기 위해서는 요소 전체를 하나씩 비교해야 합니다. 따라서 시간 복잡도 $O(n)$을 따르므로 전체 알고리즘의 시간 복잡도도 $O(n)$을 따릅니다.

마지막 숫자

문자열의 가장 오른쪽에 있는 숫자를 찾는 문제도 면접에 자주 나옵니다. 예를 들어 "Buy 1 get 2 free"라는 문자열이면 알고리즘은 숫자 2를 반환해야 합니다.

파이썬의 리스트 축약 문법을 사용하면 이 문제를 간결하게 해결할 수 있습니다. **리스트 축약**List Comprehension이란 원래의 이터러블 리스트에서 새로운 리스트를 만드는 파이썬 문법입니다.

리스트 축약 문법은 다음과 같이 작성합니다.

```
    new_list = [expression(i) for i in iterable if filter(i)]
```

여기서 iterable은 새로운 리스트를 만들기 위한 재료이고, expression(i)는 iterable의 각 요소를 저장할 변수입니다. 예를 들어 다음 코드의 c에는 주어진 문자열 "selftaught"의 각 문자가 저장됩니다.

```
print([c for c in "selftaught"])
```

```
['s', 'e', 'l', 'f', 't', 'a', 'u', 'g', 'h', 't']
```

파이썬은 문자열 "selftaught"의 모든 문자를 포함하는 리스트를 반환합니다.

filter(i)는 기존 이터러블 리스트의 일부를 수정할 때 사용합니다. 다음과 같이 특정 조건을 만족하는 요소만 골라낼 수 있습니다.

```
print([c for c in "selftaught" if ord(c) > 102])
```

```
['s', 'l', 't', 'u', 'g', 'h', 't']
```

파이썬의 내장 함수 ord는 문자의 ASCII 코드를 반환합니다. ASCII 코드가 102보다 큰 문자만 남기라는 것은 곧 f 다음에 있는 글자만 남기는 것을 말합니다. 결과적으로 리스트에서 e, f, a가 제외되었습니다.

또 내장 함수 isdigit를 사용하면 문자열에서 숫자만 남길 수 있습니다.

```
s = "Buy 1 get 2 free"
nl = [c for c in s if c.isdigit()]
print(nl)
```

```
['1', '2']
```

이제 리스트 축약으로 문자열에 있는 숫자만 뽑아냈으므로 가장 오른쪽에 있는 숫자를 찾기까지 한 단계만 남았습니다. 새로운 리스트에서 마지막 숫자를 찾는 가장 간단한 방법은 음수

인덱스입니다.

```
s = "Buy 1 get 2 free"
nl =[c for c in s if c.isdigit()][- 1]
print(nl)
```

> **실행 결과**
> 2

처음에는 리스트 축약을 활용해 문자열에 있는 숫자만 가져와 리스트를 만들었고, 다음에는 마이너스 인덱스를 사용해 리스트의 마지막 숫자를 찾았습니다. 바로 원래 문자열의 가장 마지막에 있던 숫자를 찾은 것입니다.

이처럼 리스트 축약을 활용하면 서너 줄로 작성해야 하는 코드를 단 한 줄로 간결하게 바꿀 수 있습니다. 리스트 축약 알고리즘은 문자열의 모든 글자를 순회하면서 숫자 여부를 확인하므로 시간 복잡도 O(n)을 따릅니다.

시저의 암호

암호 Cipher는 암호화나 복호화에 사용되는 알고리즘입니다. 로마의 유명한 장군이자 정치가인 율리우스 시저Julius Caesar는 비밀스러운 메시지를 보낼 때 독창적인 방법으로 이를 암호화했습니다. 하나의 숫자를 선택하고 메시지의 모든 문자를 그 숫자만큼 이동시켜 새로운 메시지를 만드는 것입니다. 예를 들어 숫자 3을 골랐다면 abc가 def로 암호화됩니다.

숫자를 더한 문자의 위치가 알파벳의 범위를 넘어가면 다시 처음 알파벳으로 돌아옵니다. 숫자 2를 택했다면 z는 b로 바뀌게 됩니다.

시저의 암호 문제를 푸는 데에는 나머지 연산이 핵심입니다. 아날로그 시계를 볼 줄 아는 사람이라면 이미 나머지 연산에 익숙할 것입니다. 다음 시계를 살펴보겠습니다.

그림 5-1 | 나머지 연산을 살펴볼 시계

예를 들어 오후 9시에 뉴욕에서 페루 리마로 출발하는 비행기가 있다고 합시다. 두 도시는 같은 시간대에 있으며 비행 시간은 8시간이 걸린다고 가정합니다. 그렇다면 비행기는 몇 시에 리마에 도착할까요? 9 더하기 8은 17이지만 시계에는 17시가 없죠. 도착 시간을 알아내려면 9와 8을 더한 결과인 17을 12로 나눈 나머지를 구해야 합니다.

```
17 % 12
```

17을 12로 나눈 몫은 1이고 나머지는 5입니다. 즉, 비행기는 오전 5시에 리마에 도착합니다.

그림 5-2 | 시계의 나머지 연산

이렇듯 시간과 관련된 프로그램을 만들 때는 대부분 나머지 연산을 사용합니다. 비행기 시간을 계산하는 웹사이트를 만들 때 도착 시간을 계산하기 위해 나머지 연산을 활용하는 것입니다.

나머지 연산에 대해 이해했으므로 문자열을 전달받아 각각의 문자를 일정한 숫자만큼 밀어내는 방식으로 함수를 만들면 시저의 암호 문제를 풀 수 있습니다.

```python
import string

def cipher(a_string, key):
    uppercase = string.ascii_uppercase
    lowercase = string.ascii_lowercase
    encrypt = ''
    for c in a_string:
        if c in uppercase:
            new = (uppercase.index(c) + key) % 26
            encrypt += uppercase[new]
        elif c in lowercase:
            new = (lowercase.index(c) + key) % 26
            encrypt += lowercase[new]
        else:
            encrypt += c
    return encrypt
```

cipher 함수는 두 개의 매개변수를 전달받습니다. a_string은 암호화할 문자열이고, key는 각 문자를 밀어낼 숫자를 말합니다.

먼저 파이썬에 내장된 string 모듈을 사용해 대문자와 소문자, 각각의 알파벳 문자열을 하나씩 만듭니다.

```python
import string

def cipher(a_string, key):
    uppercase = string.ascii_uppercase
    lowercase = string.ascii_lowercase
```

대문자와 소문자 문자열을 출력한 결과는 다음과 같습니다.

```
'abcdefghijklmnopqrstuvwxyz'
'ABCDEFGHIJKLMNOPQRSTUVWXYZ'
```

그리고는 encrypt 변수를 만드는데, 이 변수는 빈 문자열로 시작해 나중에는 암호화된 문자열이 담기게 됩니다.

```
encrypt = ''
```

다음에는 문자열을 거치면서 각각의 문자를 변수 c에 저장합니다.

```
for c in a_string:
```

해당 문자가 대문자라면 그 문자의 인덱스를 대문자 문자열, ABCDEFGHIJKLMNOPQRS TUVWXYZ에서 찾습니다. 그리고 그 인덱스에 key를 더해 새롭게 암호화된 문자를 얻습니다. 예를 들어 문자가 A이고 key가 2라면 먼저 대문자 문자열에서 A의 인덱스인 0을 찾고, 여기에 2를 더해 C가 되는 것입니다.

하지만 이런 식으로 새로운 문자를 찾는 방법에는 문제가 있습니다. 앞에서 말했듯 Z의 인덱스에 1 이상의 key를 더해야 한다면 어떻게 해야 할까요? Z의 인덱스인 25에 2를 더했을 때, 이 문자열에는 27이라는 인덱스는 존재하지 않습니다. Z가 알파벳의 마지막 글자이므로 처음으로 돌아가 인덱스 1인 B를 얻게 됩니다.

이 방법이 바로 문자의 인덱스에 key를 더하고, 알파벳의 개수인 26으로 나눈 나머지를 구하는 것입니다.

```
if c in uppercase:
    new = (uppercase.index(c) + key) % 26
```

나머지 연산은 정해진 값을 '넘어가는' 만큼을 구합니다. 이 코드는 나머지 연산의 성질을 이용해 문자열의 인덱스가 25를 얼마나 넘어가는지를 구하는 것입니다.

암호화된 문자의 인덱스를 얻었다면 대문자 문자열에서 해당하는 문자를 찾고, 이를 encrypt 변수에 저장합니다.

```
encrypt += uppercase[new]
```

소문자라면 대문자 문자열 대신 소문자 문자열을 사용합니다.

```
elif c in lowercase:
    new = (lowercase.index(c) + key) % 26
    encrypt += lowercase[new]
```

찾고 있는 문자가 대문자 문자열에도, 소문자 문자열에도 없다면 특수문자인 경우이므로 바꾸지 않고 그대로 encrypt에 저장합니다.

```
else:
    encrypt += c
```

for 루프를 마치면 새로 암호화된 문자열을 반환합니다.

```
return encrypt
```

이 알고리즘은 암호화할 문자열의 모든 글자를 한 번씩 거치기만 하므로 시간 복잡도 O(n)을 따릅니다.

용어 복습

• **애너그램** | 순서와 대소에 관계없이 똑같은 문자로 구성된 두 문자열
• **팰린드롬** | 앞에서 읽거나 거꾸로 읽어도 똑같은 문자열
• **리스트 축약** | 원래의 이터러블 리스트에서 새로운 리스트를 만드는 파이썬 문법
• **암호** | 원본 데이터의 모습을 바꿔 암호화나 복호화에 사용하는 알고리즘

연습문제

1. 파이썬의 리스트 축약 문법을 사용해 다음의 리스트에서 다섯 글자 이상인 단어만 반환해 보세요.

["selftaught", "code", "sit", "eat", "programming", "dinner", "one", "two", "coding", "a", "tech"]

수학

> 수학이 어렵다고 너무 걱정할 필요는 없습니다. 저도 여전히 수학이 어렵거든요.
>
> ── 알버트 아인슈타인 Albert Einstein

이번 챕터에서는 기본적인 수학에 대해 알아봅니다. 수학은 기술 면접에도, 개발자로서의 발전에도 필요한 부분입니다. 실제 프로그래밍에서 소수를 찾는 작업을 하지는 않지만 다양한 알고리즘을 이해하면 더 좋은 개발자가 될 수 있습니다. 나머지 연산자를 알고리즘에 활용하는 것은 기술 면접은 물론, 실제 애플리케이션에도 유용합니다. 그리고 경계 조건이라는 개념도 살펴보겠습니다. 경계 조건을 고려하지 않고 웹사이트나 애플리케이션을 만든다면 아마 생각지도 못한 오류가 끊임없이 튀어나올 것입니다. 경계 조건이 무엇이고, 어떻게 대비해야 하는지 충분히 알아 두어야 합니다.

이진수

컴퓨터는 이진법으로 '생각'합니다. **이진수** Binary Number는 이진법에서 쓰는 숫자이고, **진법** Numeral System은 숫자를 표현하고 저장하는 규칙을 말합니다. 이진법에서는 0과 1, 단 2개의 숫자만 사용합니다. 이진법의 숫자는 Binary Digit의 약자인 **비트** Bit라고 부릅니다. 우리가 일상적으로 사용하는 진법은 십진법으로, 0부터 9까지 10개의 숫자를 사용합니다. 또한 진법의 **밑수** Base

는 그 진법에서 사용하는 숫자의 개수를 의미합니다. 이진법과 십진법만 있는 것은 아닙니다. 개발자는 16개의 숫자를 사용하는 **16진법**^{Hexadecimal System}을 자주 사용합니다.

다음은 이진수의 몇 가지 예입니다.

```
100
1000
101
1101
```

하지만 이렇게 숫자만 보면 이진수인지 십진수인지 명확하게 알 수가 없습니다. 첫 번째 숫자인 100은 십진법의 100일 수도 있고, 이진법의 4일 수도 있습니다.

이진수임을 나타내는 표기법에는 여러 가지가 있습니다. 숫자 앞에 b를 써서 이진수임을 나타내거나 다음과 같은 방법으로 표시하기도 합니다.

```
100b
1000₂
%100
0b100
```

자릿값^{Place Value}은 여러 개로 구성된 숫자의 위치를 나타내는 개념입니다. 네 자리 숫자에는 각각 천의 자리, 백의 자리, 십의 자리, 일의 자리를 나타내는 네 개의 자릿값이 있습니다. 다음은 숫자 1,452의 자릿값입니다.

천의 자리	백의 자리	십의 자리	일의 자리
1	4	5	2

그림 6-1 | 십진수 1,452의 자릿값

십진법에서 각 자릿값은 모두 10의 거듭제곱으로 나타냅니다. 가장 오른쪽 자릿값은 10의 0제곱인 1이고, 다음 자릿값은 10의 1제곱인 10, 다음은 10의 제곱인 100, 그 다음은 10의 세제곱인 1000입니다.

그림 6-2 | 십진수 자릿값의 거듭제곱

숫자 1,452는 자릿값을 사용해 다음과 같은 방정식으로 표현할 수 있습니다.

```
(1 * 10 ** 3) + (4 * 10 ** 2) + (5 * 10 ** 1) + (2 * 10 ** 0) = 1452
```

또는 다음과 같이 시각화할 수도 있습니다.

```
1 * 10 ** 3 = 1 * 1000 = 1000 +
4 * 10 ** 2 = 4 * 100 =   400 +
5 * 10 ** 1 = 5 * 10 =     50 +
2 * 10 ** 0 = 2 * 1 =       2
                        ———————
                          1452
```

이진법도 십진법과 마찬가지로 작동하지만 0과 1, 두 개의 숫자만 사용하며 자릿값으로 10이 아닌 2의 거듭제곱을 쓴다는 점이 다릅니다.

가장 오른쪽 자릿값은 2의 0제곱인 1이고, 다음 자릿값은 2의 1제곱인 2, 다음은 2의 제곱인 4, 그 다음은 2의 세제곱인 8입니다.

그림 6-3 | 이진수 자릿값의 거듭제곱

다음은 이진수 1101을 나타낸 방정식입니다.

```
(1 * 2 ** 3) + (1 * 2 ** 2) + (0 * 2 ** 1) + (1 * 2 ** 0) =
        8 +            4 +            0 +            1 = 13
```

또는 다음과 같이 시각화할 수 있습니다.

```
1 * 2 ** 3 = 1 * 8 = 8 +
1 * 2 ** 2 = 1 * 4 = 4 +
0 * 2 ** 1 = 0 * 2 = 0 +
1 * 2 ** 0 = 1 * 1 = 1
                     ―――――
                       13
```

결과에서 알 수 있듯이 이진법의 1101은 십진법에서 13입니다.

십진법은 0으로 시작해 0, 1, 2, 3, 4, 5, 6, 7, 8, 9 순서로 커집니다. 여기서 더 커지면 표현할 숫자가 없으므로 그 다음 숫자를 표현하기 위해 두 개의 숫자를 사용해 10을 만듭니다.

이진법 역시 0으로 시작합니다.

```
0
```

십진법과 마찬가지로 다음 숫자는 1입니다.

```
1
```

1을 넘어가면 더는 쓸 숫자가 없습니다. 숫자 10을 표현하기 위해 십진법에서 두 개의 숫자를 사용한 것처럼 이진법에서도 숫자 2를 표현하기 위해 두 개의 숫자 1과 0을 사용합니다.

```
10
```

뒤에 있는 0은 1의 자리가 없다는 뜻이고, 앞의 1은 2의 자리가 하나 있다는 뜻이겠죠.

숫자 3은 이진법으로 어떻게 표현할까요?

```
11
```

1의 자리도 하나, 2의 자리도 하나 있다는 뜻입니다. 2와 1을 더해 3입니다.

숫자 4는 다음과 같이 표현됩니다.

```
100
```

1과 2의 자리는 없고, 4의 자리가 하나 있으므로 모두 더해 4입니다.

비트 연산자

프로그래밍을 하면서 숫자를 다룰 때는 보통 100과 같은 정수, 10.5와 같은 부동 소수점 숫자를 사용합니다. 하지만 이들 대신 이진수를 쓰는 것이 더 유용할 때도 있습니다. 이진수를 쓰면 어떤 숫자가 2의 거듭제곱인지 판단하는 것과 같은 문제를 빠르게 풀 수 있습니다.

파이썬에서는 이진수를 다루기 위해 bin 함수를 사용합니다.

```
print(bin(16))
```

실행 결과

```
0b10000
```

bin(16)을 출력한 결과 0b10000은 이진법으로 16을 나타냅니다. 앞에 붙은 0b는 이 숫자가 이진수임을 나타내는 표시입니다.

비트 연산자 Bitwise Operator는 두 개의 이진수로 이루어진 표현식에 사용하는 연산자입니다. 예를 들어, 파이썬의 비트 연산자 AND는 비트(bit) 단위로 논리 연산Boolean Arithmetic을 수행합니다. 이진수의 두 비트가 모두 1(**True**)이면 1을 반환하고, 그렇지 않으면 0(**False**)을 반환하는 것입니다. 비트 AND 연산자는 파이썬의 키워드 **and**와 마찬가지로 **and** 연산자의 양쪽이 모두 **True**이면 연산자의 결과 역시 **True**입니다.

```
print(1==1 and 2==2)
```

실행 결과

```
True
```

and 연산자의 양쪽이 모두 **False**이면 결과도 **False**입니다.

```
print(1==2 and 2==3)
```

실행 결과

```
False
```

한 쪽이 **True**이고, 다른 한 쪽이 **False**일 때도 결과는 **False**입니다.

```
print(1==1 and 1==2)
```

실행 결과

```
False
```

비트 AND 연산자의 예제를 하나 살펴보겠습니다. 두 정수 2와 3이 있습니다. 이진법으로 2는 **0b10**이고, 3은 **0b11**입니다. 2의 첫 번째 비트는 0이고, 3의 첫 번째 비트는 1이죠. 비트를 셀 때는 작은 값부터, 즉 오른쪽에서 왼쪽으로 세는 것이 규칙입니다.

```
10 #2
11 #3
—
 0
```

2와 3의 첫 번째 비트에 비트 AND 연산자를 적용한 결과는 True와 False가 하나씩 있으므로 0(False)이 반환됩니다. 두 정수의 두 번째 비트에 비트 AND를 적용하면 둘 다 True이므로 결과 역시 True를 뜻하는 1이 됩니다.

```
10 #2
11 #3
—
10
```

따라서 십진수 2와 3의 비트 AND 연산 결과는 0b10, 즉 이진법으로 숫자 2입니다. 이런 연산이 왜 유용한지는 곧 다시 설명하겠습니다.

파이썬에서는 비트 AND 연산자에 앰퍼샌드(&) 기호를 사용합니다.

```
print(0b10 & 0b11)
```

실행 결과

```
2
```

비트 연산자를 반드시 이진수에만 사용해야 하는 것은 아닙니다.

```
print(2 & 3)
```

실행 결과

```
2
```

십진수에 비트 AND 연산자를 사용했지만 파이썬은 십진수 2와 3을 이진수로 바꿔 명령을 완료합니다.

파이썬에는 비트 OR 연산자도 있습니다. or 키워드와 마찬가지로 이진수의 두 비트가 모두 **False**면 **False**를, 그렇지 않으면 **True**를 반환합니다. 숫자 2와 3에 비트 OR 연산자를 적용해 보겠습니다. 2와 3의 첫 번째 비트 중 하나가 1이므로 결과는 **True**, 즉 1입니다.

```
10 #2
11 #3
—
 1
```

두 정수의 두 번째 비트에 비트 OR 연산자를 적용하면 둘 다 **True**이므로 결과도 1입니다.

```
10 #2
11 #3
—
11
```

따라서 2와 3의 비트 OR 연산 결과는 **0b11**이며, 십진법으로는 3입니다.

파이썬에서는 비트 OR 연산자에 파이프(¦) 기호를 사용합니다.

```
print(2 | 3)
```

실행 결과
```
3
```

지금까지 설명한 비트 연산자 중 비트 AND와 비트 OR이 가장 많이 사용됩니다. 하지만 비트 연산자에는 비트 XOR, 비트 NOT, 비트 오른쪽 시프트, 비트 왼쪽 시프트도 있으므로 더 자세히 알고 싶다면 파이썬 문서를 읽어 보기 바랍니다.

이제 비트 연산자가 유용한 몇 가지 상황을 알아봅시다. 비트 AND 연산자를 사용하면 주어진 숫자가 짝수인지 홀수인지 판단할 수 있습니다. 2와 같은 짝수를 이진법으로 표현하면 항상 0으로 끝나고, 반대로 1과 같은 홀수는 항상 1로 끝납니다.

```
10 #2
 1 #1
```

짝수와 1을 비트 AND로 연산한 결과는 항상 False입니다. 짝수는 항상 0으로 끝나고 1은 1로 끝나기 때문입니다.

```
10 #2
 1 #1
─
 0
```

반면에 홀수와 1을 비트 AND로 연산한 결과는 항상 True입니다. 홀수는 항상 1로 끝나기 때문입니다.

```
11 #3
 1 #1
─
 1
```

1은 이진법에서 하나의 숫자만 사용하기 때문에 짝수인지 홀수인지를 알아보려는 숫자가 이진법에서 숫자 한 개를 쓰든, 천 개를 쓰든 상관없습니다. 1은 하나의 이진 자릿수만 사용하므로 그 숫자와 1을 비교하는 단 한 번의 비교만 필요합니다.

다음은 파이썬에서 비트 AND 연산자를 사용해 짝수인지 홀수인지를 확인하는 방법입니다.

```
def is_even(n):
    return not n & 1
```

is_even 함수는 not n & 1을 반환합니다. n & 1은 n과 1에 비트 AND 연산자를 적용한 것입니다. 다음에는 not으로 비트 AND의 결과를 반대로 바꿨습니다. n이 짝수라면 n과 1의 비트 AND 연산 결과는 False입니다. not을 사용해 연산의 결과를 반대로 바꾸면 n이 짝수라는 의미인 True를 반환합니다.

어떤 정수가 2의 거듭제곱인지 알아볼 때도 비트 AND 연산자를 사용할 수 있습니다. 2의 거듭제곱인 숫자는 이진법으로 표현했을 때 1은 단 하나만 존재하고, 나머지는 전부 0입니다. 반면, 2의 거듭제곱에서 1을 뺀 숫자는 모든 비트가 1입니다. 예를 들어 숫자 8을 이진법으로 나타내면 0b1000이고, 8에서 1을 뺀 7은 이진법으로 0b111인 것입니다.

첫 번째 숫자가 2의 거듭제곱인 경우 두 이진수에 비트 AND 연산자를 적용한 결과는 전부 0입니다.

```
1000 #8
0111 #7
────
0000
```

첫 번째 숫자가 2의 거듭제곱이 아니라면 연산 결과에는 최소 한 개의 1이 존재할 것입니다.

```
0111 #7
0110 #6
────
0001
```

다음은 파이썬에서 비트 AND 연산자를 사용해 숫자가 2의 거듭제곱인지를 확인하는 방법입니다.

```python
def is_power(n):
    if n & (n - 1) == 0:
        return True
    return False
```

is_power 함수는 2의 거듭제곱인지 확인하려는 숫자를 매개변수로 받습니다. 함수 내부에서는 if 문을 사용해 n과 n - 1의 비트 AND 연산 결과가 0인지를 확인합니다. 결과가 0이라면 n은 2의 거듭제곱이므로 True를 반환합니다. 그렇지 않으면 2의 거듭제곱이 아니므로 False를 반환합니다.

피즈버즈

선임 소프트웨어 개발자 채용에 지원한 사람이 기술 면접에서 피즈버즈FizzBuzz 문제를 풀지 못해 아주 부끄러웠다는 얘기를 들은 적이 있습니다. 여러분은 걱정하지 않아도 됩니다. 여기서 배울 여러분에게는 그런 일이 일어나지 않을 테니까요.

피즈버즈 문제는 이런 식입니다. 1부터 100까지의 숫자를 출력하는 프로그램을 만듭니다. 숫자가 3의 배수라면 숫자 대신 Fizz를 출력하고, 5의 배수라면 Buzz를 출력합니다. 숫자가 3과 5의 공배수라면 FizzBuzz를 출력합니다.

이 문제의 핵심은 나머지 연산자입니다. 두 값을 나눈 나머지를 반환하는 것입니다. 나머지가 0이면 피제수(분자)가 제수(분모)의 배수라는 뜻입니다. 예를 들어 6 % 3은 6을 3으로 나눈 나머지가 0이므로 6이 3의 배수임을 알 수 있습니다.

```python
print(6 % 3)
```

7 % 3은 나머지가 1이므로 7은 3의 배수가 아닙니다.

```python
print(7 % 3)
```

피즈버즈 문제를 풀 때는 1부터 100까지의 숫자를 거치며 각각의 숫자가 나머지 연산을 통해 3과 5의 공배수인지, 3의 배수인지, 5의 배수인지를 확인하면 됩니다.

그 방법은 다음과 같습니다.

```python
def fizzbuzz(n):
    for i in range(1, n + 1):
        if i % 3 == 0 and i % 5 == 0:
            print('FizzBuzz')
        elif i % 3 == 0:
            print('Fizz')
        elif i % 5 == 0:
            print('Buzz')
        else:
            print(i)
```

1부터 100까지의 숫자를 찾는 것이지만 그렇다고 해도 코드에 직접 100을 쓰는 것보다는 n을 매개변수로 전달하는 것이 좋습니다. n을 사용하면 다른 숫자로 실행할 때도 프로그램을 더 유연하게 사용할 수 있습니다. 따라서 fizzbuzz 함수는 매개변수 n을 받도록 작성합니다.

```python
def fizzbuzz(n):
```

먼저 for 루프를 사용해 1부터 n + 1까지 루프를 반복합니다.

```
for i in range(1, n + 1):
```

루프에서는 if 조건문과 나머지 연산자를 사용해 숫자 i가 3과 5의 공배수인지를 확인하고, 공배수가 맞다면 FizzBuzz를 출력합니다.

```
if i % 3 == 0 and i % 5 == 0:
    print('FizzBuzz')
```

다음에는 다른 조건문을 사용해 숫자 i가 3의 배수인지를 확인하고, 맞다면 Fizz를 출력합니다.

```
elif i % 3 == 0:
    print('Fizz')
```

마지막 조건문을 사용해 숫자 i가 5의 배수인지를 확인하고, 맞다면 Buzz를 출력합니다.

```
elif i % 5 == 0:
    print('Buzz')
```

3으로도 5로도 나누어떨어지지 않으면 그 숫자를 출력합니다.

```
else:
    print(i)
```

프로그램을 실행하면 6이나 27처럼 3으로 나누어떨어지는 숫자에서는 Fizz가 출력됩니다. 10이나 85처럼 5로 나누어떨어지는 숫자에서는 Buzz가 출력되고, 15나 30처럼 3과 5의 공배수에서는 FizzBuzz가 출력됩니다.

```
1 2 Fizz 4 Buzz Fizz 7 8...Buzz Fizz 97 98 Fizz Buzz
```

이 알고리즘은 n번의 단계를 거치므로 선형 시간 복잡도를 따릅니다. 알고리즘은 100을 전달하면 100번의 단계를 수행하고, 1,000을 전달하면 1,000번의 단계를 수행합니다.

앞에서 언급했듯 이 문제의 핵심은 나머지 연산자입니다. 나머지 연산자는 기술 면접뿐 아니라 실제 애플리케이션을 개발할 때도 유용하게 활용할 수 있습니다. 예를 들어 50,000행으로 이뤄진 텍스트 파일이 있는데, 한 페이지에 49행까지만 표시할 수 있다고 합시다. 그러면 마지막 페이지에는 몇 행의 텍스트가 있을까요? **50,000 % 49 = 20**이므로 마지막 페이지에는 20행의 텍스트가 있을 것입니다. 만약 데이터베이스에 20,000개의 레코드가 있고, 이 레코드에 하나 건너 하나씩 어떤 작업을 수행해야 한다면 어떻게 해야 할까요? 가장 단순한 방법은 각각을 순회하며 짝수 인덱스의 레코드에만 작업을 수행하는 것입니다. 그리고 짝수인지를 판단하는 가장 단순한 방법은 2로 나눈 나머지를 확인하는 것입니다.

최대공약수

최대공약수Greatest Common Factor는 두 개 이상의 정수를 나누어떨어지게 하는 가장 큰 양의 정수를 말합니다. 20과 12, 두 정수의 최대공약수를 구해 보겠습니다.

20과 12의 공약수는 1, 2, 4입니다. 이 중 가장 큰 숫자인 4가 최대공약수입니다.

- 20의 약수: 1, 2, 4, 5, 10
- 12의 약수: 1, 2, 3, 4, 6

두 숫자의 최대공약수를 구하는 알고리즘은 두 숫자를 나머지 없이 나누어떨어지게 하는 모든 약수를 확인하는 것입니다. 예를 들어 20과 12의 최대공약수를 구하기 위해 두 수를 모두 1로 나눠 보고, 다음에는 2로 나눠 보고, 다음에는 3으로 나눠 보는 식으로 반복할 수 있습니다. 나누기를 반복할 때 20과 12 중 더 작은 숫자인 12보다 큰 숫자는 확인할 필요가 없습니다. 둘 중 하나보다 큰 숫자는 약수가 될 수 없기 때문입니다.

다음 코드는 이와 같은 알고리즘을 파이썬으로 구현한 것입니다.

```python
def gcf(i1, i2):
    gcf = None
    if i1 > i2:
        smaller = i2
    else:
        smaller = i1
    for i in range(1, smaller + 1):
        if i1 % i == 0 and i2 % i == 0:
            gcf = i
    return gcf

gcf(20, 12)
```

gcf 함수는 최대공약수를 찾고자 하는 양의 정수를 매개변수로 받습니다.

```python
def gcf(i1, i2):
```

함수 내부에서는 먼저 두 정수 중 더 작은 숫자를 확인하고, 이를 smaller 변수에 할당합니다. 이 숫자까지 도달하면 약수인지 확인하는 과정을 멈춥니다.

```python
if i1 > i2:
    smaller = i2
else:
    smaller = i1
```

다음에는 for 루프를 사용해 1부터 smaller까지의 모든 숫자를 테스트합니다.[1]

```
for i in range(1, smaller + 1):
```

다음에는 if 문을 사용해 i가 두 정수 모두를 나머지 없이 나눌 수 있는지 확인합니다. 그렇다면 i를 gcf에 저장합니다.

```
if i1 % i == 0 and i2 % i == 0:
    gcf = i
```

하지만 공약수를 하나 찾았다고 해서 그 숫자가 최대공약수라는 것은 아닙니다. 루프를 계속하면서 더 큰 공약수를 찾으면 i를 gcf에 저장합니다. 이렇게 하면 루프가 끝났을 때 gcf에 최대공약수가 저장됩니다.

그런데 이 코드에는 문제가 하나 있습니다. 두 정수 중 하나가 0이라면 어떻게 될까요?

```
print(gcf(0, 22))
```

실행 결과

```
None
```

두 정수 중 하나가 0이라면 프로그램은 틀린 값을 반환합니다.

이렇게 코드가 0을 제대로 처리하지 못하는 경우를 **경계 조건**^{Boundary Condition}이라고 합니다. 경계 조건이란 개발자가 프로그램에 입력할 것이라고 예상하지 못했던 값을 가리킵니다. 두 정수의 최대공약수를 계산할 때 두 정수 중 한 쪽이 0이라면 최대공약수는 0이 아닌 다른 정수입니다. 0은 어떤 숫자로든 나눌 수 있기 때문입니다. 예를 들어 0과 12의 최대공약수는 12입니다.

---

[1] 파이썬에 익숙하지 않은 독자라면 코드에서 왜 1을 더하는지 의아할 수 있습니다. 파이썬의 range 함수는 첫 번째인 매개변수에서 시작해 두 번째 매개변수에 도달하기 전에 과정을 멈춥니다. 즉, range(1, 12)는 12가 아니라 11에서 멈추므로 smaller에 1을 더하는 것입니다.

알고리즘을 작성할 때는 예상하지 못한 입력이 알고리즘의 정상적인 실행을 방해할 수 있다는 점을 항상 염두에 두어야 합니다. 이 경우는 입력이 0일 때 알고리즘이 잘못 작동했습니다. 다음은 두 정수 중 하나가 0이더라도 올바른 결과를 반환하도록 고쳐 쓴 코드입니다.

```python
def gcf(i1, i2):
    if i1 == 0:
        return i2
    if i2 == 0:
        return i1

    if i1 > i2:
        smaller = i2
    else:
        smaller = i1

    for divisor in range(1, smaller + 1):
        if(i1 % divisor == 0) and (i2 % divisor == 0):
            gcf = divisor

    return gcf
```

> **NOTE**
>
> 변수명 divisor에 대해 좀 더 설명하겠습니다. 앞에서는 divisor가 아니라 i로 변수명을 사용했는데, 여기에서는 왜 divisor로 썼을까요?
>
> i와 같이 무의미한 이름보다는 코드를 보자마자 '뭔가를 나눈다'는 최소한의 의미를 알 수 있는 이름을 쓰는 것이 더 좋은 프로그래밍 스타일이라고 보기 때문입니다. 예를 들어, 변수명으로 두 숫자가 정수임을 간결하게 나타내기 위해서는 i1, i2보다 int_1, int_2를 사용하는 편이 더 좋습니다.

또한 이 프로그램은 음수를 처리할 때도 정상적으로 작동하지 않습니다. 따라서 두 정수가 모두 양수인지를 확인하는 부분을 추가해야 합니다.

```
def gcf(i1, i2):
    if i1 < 0 or i2 < 0:
        raise ValueError("Numbers must be positive.")
    if i1 == 0:
        return i2
    if i2 == 0:
        return i1

    if i1 > i2:
        smaller = i2
    else:
        smaller = i1

    for divisor in range(1, smaller+1):
        if(i1 % divisor == 0) and (i2 % divisor == 0):
            gcf = divisor

    return gcf
```

이 최대공약수를 구하는 코드는 n에 정비례하여 알고리즘의 단계도 늘어나므로 선형 시간 복
잡도를 따릅니다. 선형 시간 복잡도가 나쁘지는 않지만 이 문제를 해결하는 더 좋은 방법이
있습니다.

유클리드 알고리즘

유클리드 알고리즘Euclid's Algorithm을 사용하면 최대공약수를 더 효율적으로 구할 수 있습니다.
먼저 숫자 x를 다른 숫자 y로 나눈 나머지를 구합니다. 다음에는 나머지를 y, 이전 단계의
y를 x로 놓고 다시 나눕니다. 이 과정을 나머지가 0이 될 때까지 반복합니다. 나머지가 0이
될 때 나눈 수가 최대공약수입니다.

예를 들어, 20과 12의 최대공약수를 구할 때는 먼저 20을 12로 나눠 나머지(8)를 구합니다.

그 다음에는 12를 나머지였던 8로 나눠 나머지(4)를 구합니다. 다시 8을 4로 나누면 나머지가 없으므로 4가 최대공약수입니다.

```
20 % 12 = 8
12 % 8 = 4
8 % 4 = 0
```

파이썬에서 유클리드 알고리즘을 작성하면 다음과 같습니다.

```python
def gcf(x, y):
    if y == 0:
        x, y = y, x
    while y != 0:
        x, y = y, x % y
    return x
```

gcf 함수는 최대공약수를 찾고자 하는 숫자를 매개변수로 받습니다.

첫 번째 행에서 경계 조건 문제를 해결합니다. y가 0이면 나중에 파이썬은 숫자를 0으로 나누려고 할 때 예외를 일으킬 것입니다. 따라서 y가 0이면 두 변수의 값을 바꿔서 문제를 예방합니다.

```python
if y == 0:
    x, y = y, x
```

다음에는 y가 0이 될 때까지 반복할 while 루프를 만듭니다.

```python
while y != 0:
```

while 루프 내부에서 다음 구문은 x에 y를 대입하고, y에 'x를 y로 나눈 나머지'를 대입합니다.

```
    x, y = y, x % y
```

while 루프가 끝났다면 x % y가 나머지 0을 반환했다는 뜻입니다. 그 다음 x와 y의 최대공약수인 x를 반환합니다.[2]

```
    return x
```

이 알고리즘은 선형이 아니라 로그 시간 복잡도를 따르며, 이는 수학적으로 증명할 수 있습니다. 로그 시간 복잡도를 따르도록 바꿨으므로 아주 큰 수의 최대공약수를 구할 때는 원래 알고리즘보다 훨씬 더 효율적인 성능으로 개선됩니다.

소수

소수^{Prime Number}란 자기 자신과 1로만 나누어떨어지는 양의 정수로, 2, 3, 5, 7, 11 등이 모두 소수입니다. 그럼 어떤 숫자가 소수인지 아닌지를 판단하는 함수를 작성해 보겠습니다.

코드는 다음과 같습니다.

```
def is_prime(n):
    for i in range(2, n):
        if n % i == 0:
            return False
    return True
```

is_prime 함수는 소수인지를 판단할 숫자 n을 매개변수로 받습니다.

---

2 본문에서 'while 루프가 끝났다면 x % y가 나머지 0을 반환했다는 뜻'이라고 설명했으므로 x가 아니라 y를 반환해야 할 것 같다고 생각할 수 있습니다. 하지만 while 루프가 끝나는 시점에서 x, y = y, x % y를 실행했으므로 x가 최대공약수인 4이고, y는 나머지인 0이 됩니다. 이렇게 다소 혼란스러울 수 있는 부분에는 주석을 남기는 것이 좋습니다.

```
def is_prime(n):
```

그리고 for 루프를 사용해 2부터 n까지의 모든 숫자를 거쳐 반복합니다. 소수도 1로 나눌 수 있으므로 1이 아니라 2를 시작 숫자로 선택합니다.

```
for i in range(2, n):
```

만약 n이 10이라면 이 코드는 2부터 9까지 반복합니다. 소수는 자기 자신으로도 나눌 수 있으므로 10은 시도할 필요가 없습니다.

루프 내부에서는 나머지 연산을 사용해 n을 i로 나눴을 때 나머지가 있는지를 확인합니다. 나머지가 없다면 1과 자신 이외의 약수가 존재한다는 뜻입니다. 따라서 n은 소수가 아니므로 False를 반환합니다.

```
if n % i == 0:
    return False
```

약수를 찾지 못한 채 루프를 종료했다면 n이 소수이므로 True를 반환합니다.

```
return True
```

이 알고리즘은 n 번의 단계가 필요하므로 선형 알고리즘입니다.

n - 1이 아니라 n의 제곱근에서 루프를 종료하도록 바꾸면 알고리즘을 개선할 수 있습니다.

```
import math

def is_prime(n):
    for i in range(2, int(math.sqrt(n)) + 1):
```

```
        if n % i == 0:
            return False
    return True
```

n의 제곱근에서 루프를 멈추는 이유가 있습니다. a * b == n이라면 a나 b 중 하나는 반드시 n의 제곱근보다 작거나 같습니다. 왜 그럴까요? a와 b가 모두 n의 제곱근보다 크다면 a * b 는 반드시 n보다 크지, 같을 수 없기 때문입니다. 다시 말해 a와 b 중 하나는 반드시 n의 제곱근보다 작거나 같아야 하므로 n까지 확인할 필요가 없는 것입니다. 대신 n의 제곱근보다 큰 첫 번째 정수에서 멈추는 것도 안전합니다. n의 제곱근보다 작거나 같으면서 나머지 없이 n을 나눌 수 있는 숫자를 찾지 못했다면 n의 제곱근보다 큰 수 중에도 나머지 없이 n을 나눌 수 있는 숫자는 존재할 수 없습니다.

> **NOTE**
>
> 이해하기 어려운가요? 조금 더 설명해 보죠. 소수가 아닌 숫자는 나머지 없이 자신을 나눌 수 있는 정수가 존재합니다. 나눌 수 있는 정수가 존재한다는 것은 'a * b = 소수가 아닌 수'를 만족하는 짝이 반드시 존재한다는 의미이며, 이 짝은 반드시 제곱근을 가운데 두고 대칭인 위치에 있습니다. 소수가 아닌 숫자 12를 예로 들어 봅시다.
>
> > 1   2   3   ¦   4   6   12
>
> 1과 12를 제외하면 2와 6이 짝이고, 3과 4가 짝입니다. 이 두 쌍은 모두 12의 제곱근인 3.46을 가운데 놓고 서로 대칭인 위치에 있습니다. 조금 더 큰 숫자에서도 이 관계는 마찬가지입니다. 12의 제곱인 144를 예로 들어 봅시다.
>
> > 2   3   4   6   12   ¦   12   24   36   48   72
>
> 2와 72, 3과 48, 4와 36, 6과 24, 12와 12가 짝입니다. 역시 모두 제곱근을 가운데 두고 대칭인 위치에 있습니다. 결국 n의 제곱근보다 작은 정수 중에서 나머지 없이 n을 나눌 수 있는 약수가 존재하지 않으면 제곱근보다 큰 쪽에도 그 짝이 존재하지 않는다는 것입니다.

일정한 범위 안에서 모든 소수를 출력하도록 프로그램을 쉽게 만들 수 있습니다.

```python
def is_prime(n):
    for i in range(2, int(math.sqrt(n)) + 1):
        if n % i == 0:
            return False
    return True

def find_primes(n):
    return [i for i in range(2, n) if is_prime(i)]
```

find_primes 함수는 소수를 찾을 범위가 되는 숫자 n을 매개변수로 받습니다. 그리고 리스트 축약 문법을 사용해 2부터 n까지의 범위에서 is_prime 함수가 True를 반환하는 숫자만 걸러내게 됩니다.

```python
return [is_prime(i) for i in range(2, n)]
```

주어진 범위에서 모든 소수를 찾는 이 알고리즘은 for 루프에서 선형인 is_prime 함수를 호출하므로 시간 복잡도 $O(n**2)$을 따릅니다. 따라서 아주 효율적인 알고리즘은 아니죠. 여기에서 설명한 알고리즘이 소수를 찾는 유일한 알고리즘은 아닙니다. 복잡하기는 하지만 더 효율적으로 소수를 찾는 알고리즘도 존재합니다.

용어 복습

- **이진수** | 이진법에서 사용하는 숫자
- **진법** | 숫자를 표현하고 저장하는 규칙
- **비트** | Binary Digit의 약자로 컴퓨터에서 사용하는 가장 작은 정보 단위
- **밑수** | 진법에서 사용하는 숫자의 개수
- **자릿값** | 숫자를 구성하는 각 위치의 값
- **비트 연산자** | 두 이진수를 연산할 때 사용하는 연산자
- **최대공약수** | 두 개 이상의 정수를 나머지 없이 나눌 수 있는 가장 큰 양의 정수
- **경계 조건** | 프로그램에 입력할 것이라고 예상하지 못했던 값
- **소수** | 자기 자신과 1로만 나누어떨어지는 양의 정수

연습문제

1. 앞에서 설명한 소수를 찾는 알고리즘 외에 다른 알고리즘을 찾아보고, 파이썬에서 직접 작성해
   보세요.

마거릿 해밀턴

> 대학이나 고등학교에 진학할 동생을 둔 모든 친구들에게 내가 할 수 있는 최선의 조언은 프로그래밍을 배우라는 것입니다.
>
> ―― 마크 저커버그 Mark Zuckerberg

최근에는 프로그래밍을 배울 수 있는 수단이 매우 다양해졌습니다. 예전에는 그렇지 않았다는 것을 쉽게 상상할 수 없을 정도입니다. 마거릿 해밀턴 Margaret Hamilton은 아폴로 우주선 프로젝트 프로그래밍에 참여했던 가장 위대한 '독학하는 개발자' 중 한 명입니다. 해밀턴은 지금처럼 프로그래밍 교육이 흔해지기 훨씬 전부터 프로그래밍을 공부했습니다.

마거릿 해밀턴은 미시건 대학교에 진학해 수학을 전공했지만 프로그래밍은 완전히 독학으로 배웠습니다. 1950년, 60년대에는 지금 우리가 생각하는 컴퓨터 과학이라는 학문이 아직 존재하지 않았기 때문에 모든 것을 개발자 스스로 익혀야 했습니다. 당시에는 소프트웨어 공학이라는 단어도 없었죠. 해밀턴이 바로 이 단어를 만드는 데 일조한 사람입니다. 해밀턴은 1960년도에 대학을 졸업한 뒤 MIT에서 날씨 예측 소프트웨어를 개발하는 월윈드 프로젝트 Project Whirlwind에 참여하면서 프로그래밍 경력을 쌓기 시작했습니다. MIT에서 세계 최초의 이동식 컴퓨터를 만드는 데 힘을 보태기도 했습니다.

해밀턴은 월윈드 프로젝트를 성공적으로 이끈 것을 인정받아 냉전 시기, 소련의 공습을 탐지하는 기관인 SAGE로 이직했습니다. 스타트렉 Star Trek의 팬이라면 스타플릿 생도들을 대상으로 한 고바야시 마루 훈련을 기억할 것입니다. 고바야시 마루 훈련은 위험 지역에 고립된 민간 우주선인 고바야시 마루를 구출하는 임무입니다. 고바야시 마루 훈련에서 훈련생들의 구조가 시작되면 도저히 극복할 수 없는 규모의 적군들이 훈련생들을 공격합니다. 훈련생들은 당연히 우주선을 구조하지 못하지만 선택의 과정을 통해 자신의 성격을 드러내게 됩니다. 실제로 해밀턴은 고바야시 마루 훈련과 같은 상황을 맞닥뜨렸지만, 스타트렉의 커크 함장처럼 결국 이겨냈죠. SAGE에 처음 입사한 사람은 누구든 현실적으로 풀 수 없는 것이나 마찬가지인 프로그램을 실행시키는 과제가 주어집니다. 과제를 만든 개발자는 심지어 문제를 더 어렵게 만들기 위해 모든 주석을 전부 그리스어와 라틴어로 작성하기도 했습니다. 이 과제를 실행했던 첫 번째 엔지니어인 해밀턴은 과제를 통과해 SAGE에서 자신의 자리를 공고히 했습니다.

해밀턴은 문제를 해결했고, 나사NASA의 아폴로 프로젝트에 참여해 1969년, 닐 암스트롱Neil Armstrong, 버즈 올드린Buzz Aldrin 마이클 콜린스Michael Collins를 달에 보내는 데 성공했습니다. 이 역사적인 임무에서 가장 큰 공로를 세웠다고 인정받는 사람들은 세 명의 우주 비행사였지만, 40만 명 이상의 사람들이 프로젝트에 참여했었습니다. 해밀턴 역시 그 성공의 주역 중 한 명이었죠.

해밀턴이 참여한 팀의 가장 위대한 업적은 위기 상황을 팀원에게 알리는 시스템을 개발한 것입니다. 대충 넘기지 말고 더 엄격하게 테스트하자고 고집했던 해밀턴의 주장이 달 착륙을 성공으로 이끄는 데 핵심적인 역할을 했습니다. 해밀턴을 나사의 스페이스 액트 어워드Space Act Award에 추천했던 폴 쿠르토Paul Curto 박사는 당시 '그동안 아폴로 소프트웨어의 버그를 발견한 사람은 아무도 없었다'는 점에 주목하며, 해밀턴의 업적을 두고 '매우 신뢰할 수 있는 소프트웨어 설계의 기반'이 되었다고 평했습니다.

2016년 11월 22일, 버락 오바마 대통령은 해밀턴의 뛰어난 소프트웨어 엔지니어링 업적을 인정해 해밀턴에게 대통령 자유 훈장을 수여했습니다.

PART 02

자료구조

CHAPTER 07

자료구조란?

> 알고리즘 + 자료구조 = 프로그램이다.
>
> 니클라우스 비르트 Niklaus Wirth

자료구조Data Structure는 개발자가 데이터를 효율적으로 사용할 수 있도록 정리하는 방법을 말합니다. PART 01에서 우리는 데이터를 탐색하고 정렬하는 방법을 배우면서 이미 리스트나 딕셔너리와 같은 파이썬의 내장 자료구조를 일부 사용했습니다. PART 02에서는 더 많은 자료구조에 대해 살펴보고, 이들을 어떻게 사용하는지도 알아보겠습니다.

아직은 배열, 링크드 리스트, 스택, 큐, 트리, 힙, 그래프, 해시 테이블과 같은 자료구조의 개념이 익숙하지 않을 수 있습니다. 각각의 자료구조에는 장단점이 있으므로 어떤 자료구조가 최선일지는 해결하고자 하는 문제의 종류와 어떤 부분을 우선적으로 최적화할지에 따라 달라질 수 있습니다. PART 02에서는 다양한 자료구조의 장단점을 살펴보며 애플리케이션을 만들 때 어떤 자료구조를 사용하는 것이 최선일지 판단해 보겠습니다. 또한 가장 자주 질문하는 자료구조의 내용을 짚어보며 기술 면접에도 대비해 보겠습니다.

프로그래밍이란 결국 알고리즘을 작성하고, 그에 맞는 자료구조를 선택하는 것이므로 자료구조를 충분히 이해하지 못한다면 결코 좋은 개발자가 될 수 없습니다. 그래서 파스칼을 개발한 스위스의 컴퓨터 과학자 니클라우스 비르트Niklaus Wirth는 '알고리즘 + 자료구조 = 프로그램'이라는 유명한 말을 남기기도 했습니다.

알고리즘은 컴퓨터가 무슨 일을 해야 할지 지시하고, 자료구조는 컴퓨터에게 알고리즘에서 사용하는 자료를 어떻게 저장할지 지시합니다. 리눅스를 개발한 리누스 토르발스Linux Torvalds는 자료구조의 중요성을 다음과 같이 강조했습니다. "형편없는 개발자와 뛰어난 개발자의 차이는 코드를 더 중요하게 생각하는지, 자료구조를 더 중요하게 생각하는지에 달려 있다. 형편없는 개발자는 코드만 쳐다보고, 뛰어난 개발자는 자료구조와 그들의 관계에 더 집중한다." 저는 여러분이 뛰어난 개발자가 되기를 바라므로 PART 02에서는 자료구조에 대해 다루겠습니다.

자료구조의 분류

추상 데이터 타입 Abstract Data Type은 자료구조를 설명하는 데이터의 타입을 말하며, 자료구조는 추상 데이터 타입을 실제로 구현한 결과를 말합니다. 예를 들어 추상 데이터 타입인 리스트는 각 요소의 위치가 다른 요소에 의해 상대적으로 정해지는 데이터 타입으로, 요소를 추가하거나 제거하는 동작 역시 포함합니다. 반면 파이썬 리스트는 추상 데이터 타입을 실제로 구현한 자료구조입니다. 파이썬에서는 추상 데이터 타입인 리스트를 기반으로 파이썬 리스트와는 완전히 다른 자료구조를 만들 수 있습니다.

자료구조는 선형과 비선형 등의 여러 속성을 기반으로 분류할 수 있습니다. **선형 자료구조**Linear Data Structure는 데이터 요소를 순서대로 정렬하며, **비선형 자료구조**Nonlinear Data Structure는 데이터를 비연속적으로 연결합니다. 예를 들어 파이썬의 리스트는 각 요소의 앞과 뒤에 다른 요소가 있는 선형 자료구조인 반면, 그래프는 각 요소가 다른 여러 요소와 연결될 수 있는 비선형 자료구조입니다.

자료구조를 **순회**Traverse한다는 말은 자료구조의 첫 번째 요소에서 출발해 마지막 요소로 이동한다는 뜻입니다. 선형 자료구조에서는 첫 번째 요소에서 마지막 요소까지 백트래킹Backtracking 없이(되돌아가지 않고) 쉽게 순회할 수 있지만, 비선형 자료구조에서는 종종 되돌아가야 합니다. 비선형 자료구조에서는 원하는 요소에 접근하기 위해 백트래킹이나 재귀가 필요한 경우가 많기 때문에 개별 요소에 접근하는 작업에는 선형 자료구조가 더 효율적입니다. 또한 선형 자료구조는 데이터를 쉽게 순회할 수 있어 비선형 자료구조에 비해 요소 전체를 변경하는 작업이 쉽고, 백트래킹 없이 모든 요소에 접근할 수 있어 자료구조를 설계하고 사용하는 것도 더 쉽습니다. 그러나 비선형 자료구조는 특정한 몇 가지 문제에 대해 더 효율적인 방법일 수 있습니다. 예를 들어 소셜 네트워크의 연결과 같은 데이터는 선형 자료구조로 저장하기에는 비효율적이고, 비선형 자료구조가 더 알맞습니다.

정적인지 동적인지에 따라 자료구조를 분류하기도 합니다. **정적 자료구조**Static Data Structure는 크기가 고정되어 있는 자료구조를 말하며, **동적 자료구조**Dynamic Data Structure는 크기가 바뀔 수 있는 자료구조를 말합니다. 보통 정적 자료구조는 프로그램을 생성할 때 크기를 정의합니다. 한 번 정적 자료구조를 정의하면 그 크기는 고정되어 바꿀 수 없지만, 안에 저장된 데이터의 값은 바꿀 수 있습니다. 파이썬에는 정적 자료구조가 없지만, C와 같은 저수준 프로그래밍 언어는 정적 자료구조를 지원합니다.

정적 자료구조에는 반드시 일정량의 메모리를 할당해야 한다는 문제가 있습니다. 컴퓨터 메모리는 데이터를 저장하는 공간입니다. 메모리에는 다양한 종류가 있지만, 이를 모두 설명하는 것은 책의 범위를 벗어나므로 메모리가 컴퓨터가 데이터를 저장하는 공간이며, 주소를 통해 접근할 수 있다는 것만 알면 됩니다. 할당한 메모리보다 사용하는 데이터 요소가 적다면 메모리를 낭비한 것입니다. 또한 처음 할당한 메모리보다 많은 요소를 추가할 수도 없습니다.

정적 자료구조에 요소를 추가하려면 새로운 자료구조를 만들어 기존 요소와 새로운 요소를 모두 담을 정도로 충분히 큰 메모리를 다시 할당한 다음, 기존 구조를 새 구조에 복사하면서 새로운 요소도 함께 추가하는 것이 유일한 방법일 때가 많습니다. 따라서 저장할 요소의 개수를 미리 알 수 없다면 정적 자료구조는 좋은 선택이 아닙니다. 그러나 저장할 요소의 개수를 미리 알고 있고, 그 개수가 변하지 않는 상황이라면 정적 자료구조가 동적 자료구조보다 뛰어난 성능을 보일 때가 많습니다. 예를 들어 사용자가 프로그램에서 '실행 취소' 작업을 수행할 수 있고, 실행 취소 목록을 최대 10개까지 만들 수 있다면 정적 자료구조가 적합할 수 있습니다.

자료구조 중 상당수는 정적일 수도 있고 동적일 수도 있습니다. 다음 챕터에서 설명할 배열은 보통 정적 자료구조로 구현하지만 파이썬 같은 최신 프로그래밍 언어에서는 동적 배열(리스트)을 지원합니다.

동적 자료구조는 정적 자료구조와 달리 크기를 자유롭게 바꿀 수 있습니다. 동적 자료구조에서는 요소를 추가할 때 컴퓨터가 추가로 메모리를 할당하고, 요소를 제거할 때 메모리를 비워 다른 데이터가 사용할 수 있도록 만듭니다. 크기가 고정되어 있지 않은 동적 자료구조는 효율적으로 요소를 추가하거나 제거할 수 있어 메모리를 더 효율적으로 사용합니다. 하지만 정적 자료구조에 비해 요소에 접근하는 작업이 느릴 수 있고, 일정 수의 요소를 저장한다고 할 때 정적 자료구조보다 더 많은 메모리를 사용할 수 있습니다. 저장해야 할 데이터의 양을 특정할 수 없고, 특히 메모리 공간이 한정적일 때는 동적 자료구조가 더 나은 선택인 경우가 많습니다.

운영 체제에 사용할 저수준 코드를 작성하거나 활용 가능한 최적화 수단을 모두 동원해 극한의 효율을 쥐어짜야 하는 상황이 아니라면 정적 또는 동적 자료구조를 선택하는 데 시간을 허비할 필요가 없습니다. 그보다는 선형 또는 비선형 자료구조 중 무엇을 택할지에 집중하는 것이 더 효율적입니다. 이미 언급했듯이 자료구조에는 저마다의 장단점이 있습니다. 이러한 장단점은 주로 데이터의 삽입과 삭제, 탐색의 효율성과 관련되며, 메모리 공간을 얼마나 효율적으로 사용하는가에 달려 있습니다. 예를 들어, 파이썬의 딕셔너리는 수십억 개의 데이터가 들어 있다고 해도 순식간에 요소를 탐색합니다. 하지만 이렇게 효율적인 구조라 하더라도 특정 문제에서는 그래프에서 데이터를 탐색하는 것보다 비효율적일 수 있습니다. 다음 챕터에서는 각각의 자료구조에 대해 자세히 알아보고, 어떻게 사용해야 하는지 살펴보겠습니다.

용어 복습

- **자료구조** | 프로그램에서 개발자가 데이터를 효율적으로 사용할 수 있도록 정리하는 방법
- **선형 자료구조** | 데이터를 순서대로 정렬하는 자료구조
- **비선형 자료구조** | 데이터를 비연속적으로 연결하는 자료구조
- **순회** | 자료구조의 첫 번째 요소에서 마지막 요소로 이동하는 것
- **정적 자료구조** | 크기가 고정되어 있는 자료구조
- **동적 자료구조** | 크기가 바뀔수 있는 자료구조

연습문제

1. 그동안 파이썬에서 사용했던 자료구조의 목록을 만들어 보세요.

CHAPTER 08

배열

리스트List는 순서가 있는 값을 저장하는 자료구조를 정의하는 추상 데이터 타입입니다. 리스트는 보통 비어 있는 새로운 리스트를 만드는 동작, 비어 있는지를 확인하는 동작, 요소를 맨 앞에 추가하는 동작, 요소를 맨 뒤에 추가하는 동작, 인덱스를 통해 요소에 접근하는 동작을 함께 정의합니다. 여러분은 이미 파이썬에서 리스트를 익숙하게 사용하고 있을 것입니다. 파이썬 리스트는 추상 데이터 타입인 리스트의 여러 구현 중 하나로, 배열에 속합니다. 배열에 대해 좀 더 자세히 살펴보겠습니다.

배열Array은 연속적인 메모리 블록에 인덱스와 함께 요소를 저장하는 자료구조입니다. 배열은 보통 동질적이며 정적입니다. **동질적 자료구조**Homogeneous Data Structure는 정수나 문자열과 같이 한 가지의 데이터 타입만 담을 수 있다는 것을 의미합니다. 정적 자료구조는 일단 생성하면 크기를 바꿀 수 없는 자료구조입니다. C와 같은 저수준 프로그래밍 언어에서 배열을 만들 때는 어떤 타입의 데이터를 얼마나 저장할지 결정해야 합니다. 그러면 컴퓨터는 요소의 수와 각 요소가 차지할 메모리를 기준으로 배열에 대한 메모리 블록을 할당하고, 이 블록에 요소를 순서대로 저장합니다.

파이썬의 리스트는 **이질 가변 길이 배열**Heterogeneous Variable-Length Array입니다. **가변 길이 배열**Variable-Length Array이란 생성한 뒤에도 크기를 바꿀 수 있다는 뜻이고, **이질 배열**Heterogeneous Array이란 여러

타입의 데이터를 담을 수 있다는 뜻입니다. 개발자 귀도 반 로섬^{Guido van Rossum}은 C 언어로 파이썬을 만들었지만, 파이썬은 개발자에게 배열을 생성하고 조작하는 복잡한 과정을 보여주지 않습니다. 개발자는 미리 리스트의 길이를 할당하거나 저장할 수 있는 데이터 타입을 미리 지정하는 것처럼 복잡한 부분은 신경 쓰지 않고, 리스트 자료구조를 사용하기만 하면 됩니다.

[그림 8-1]은 컴퓨터가 메모리에 배열을 저장하는 방법을 나타낸 것입니다.

메모리 주소

0x41700	0x41701	0x41702	0x41703	0x41704	0x41705
a	b	c	d	e	f
0	1	2	3	4	5

그림 8-1 | 배열에 저장된 데이터 예시

배열에 저장된 각 요소는 인덱스를 통해 접근할 수 있습니다. 배열의 첫 번째 인덱스는 보통 0이지만, 프로그래밍 언어에 따라 다른 인덱스 규칙을 사용하기도 합니다. 파이썬과 C는 모두 0으로 시작하는 인덱스를 사용하고, 매트랩^{MATLAB}이나 포트란^{Fortran}과 같은 언어는 1로 시작하는 인덱스를 사용합니다. 심지어 시작하는 인덱스를 개발자가 지정할 수 있는 프로그래밍 언어도 있습니다. 배열의 첫 번째 요소가 저장된 메모리 위치를 **시작 주소**^{Base Address}라고 합니다. 컴퓨터가 배열에 새로운 요소를 추가할 때는 다음 공식에 따라 새로운 요소의 위치를 결정합니다.

```
base_address + index * size_of_data_type
```

해당 배열의 데이터 타입이 차지하는 메모리에 인덱스를 곱한 다음, 이를 시작 주소에 더해 저장할 주소를 정합니다. 컴퓨터는 배열에서 요소를 탐색할 때도 이 공식을 사용합니다.

배열은 일차원일 수도 있고 다차원일 수도 있습니다. **1차원 배열**^{One-Dimensional Array}에서는 다음과 같이 정수 인덱스를 통해 각 요소에 접근합니다.

```
array = [1, 2, 3]
print(array[0])
```

실행 결과

1

다차원 배열 Multidimensional Array에서는 차원의 수만큼의 인덱스를 사용해 각 요소에 접근합니다.

```
multi_array = [[1, 2, 3], [4, 5, 6], [7, 8, 9]]
print(array[1][2])
```

실행 결과

6

배열이 일차원이냐 다차원이냐에 관계없이, 컴퓨터는 각 요소들을 연속적인 메모리 블록에 저장하며 인덱스와 메모리 위치를 연결하는 공식을 사용해 요소에 접근합니다.

배열의 성능

배열의 요소에 접근하고 수정하는 작업은 상수 시간을 따릅니다. 어떤 배열의 인덱스 3에 있는 데이터를 탐색한다고 합시다. 설령 그 배열에 백만 개의 요소가 있다고 해도 컴퓨터는 단 하나의 메모리에 관한 위치 정보만 알면 됩니다. 정렬되지 않은 배열을 탐색할 때는 요소 전체를 순회해야 하므로 $O(n)$을 따릅니다. 하지만 대개는 배열을 정렬할 수 있으므로 이런 경우에는 $O(\log n)$을 따르게 됩니다. [표 8-1]은 배열의 실행 시간을 나타낸 것입니다.

자료구조	시간 복잡도							
	평균				최악			
	접근	탐색	삽입	삭제	접근	탐색	삽입	삭제
배열	O(1)	O(n)	O(n)	O(n)	O(1)	O(n)	O(n)	O(n)
스택	O(n)	O(n)	O(1)	O(1)	O(n)	O(n)	O(1)	O(1)
큐	O(n)	O(n)	O(1)	O(1)	O(n)	O(n)	O(1)	O(1)
링크드 리스트	O(n)	O(n)	O(1)	O(1)	O(n)	O(n)	O(1)	O(1)
해시 테이블	N/A	O(1)	O(1)	O(1)	N/A	O(n)	O(n)	O(n)
이진 탐색 트리	O(log n)	O(log n)	O(log n)	O(log n)	O(n)	O(n)	O(n)	O(n)

표 8-1 | 배열의 실행 시간

배열이 이렇게 효율적이라면 왜 모든 상황에서 배열을 자료구조로 사용하지 않는지 의아한 독자도 있을 것입니다. 배열의 개별 요소에 접근하거나 수정하는 것은 대단히 빠른 것이 맞지만, 추가나 삭제 등 어떤 형태로든 배열을 변경하는 작업은 O(n)을 따릅니다. 컴퓨터는 배열을 연속적인 메모리 블록에 저장합니다. 배열에 요소를 '연속적'으로 삽입한다는 말은 삽입할 위치보다 뒤에 있는 모든 요소를 전부 뒤로 밀어야 한다는 뜻입니다. 효율적이지 못하겠죠. [그림 8-2]와 같은 배열이 있다고 합시다.

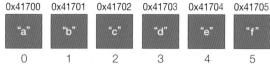

그림 8-2 | 메모리에 저장된 배열

이제 [그림 8-3]처럼 a와 b 뒤에 z를 추가할 때 무슨 일이 일어나는지 살펴보세요.

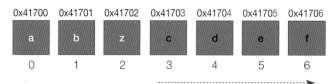

그림 8-3 | 배열에 데이터를 추가했을 때

세 번째 위치에 z를 추가하려면 컴퓨터는 네 개의 요소를 다른 메모리 위치로 이동해야 합니다.

배열의 크기가 작다면 요소 몇 개를 움직이는 정도는 문제되지 않습니다. 하지만 거대한 배열의 시작 위치 부근에 요소를 삽입해야 한다면 컴퓨터는 메모리를 복사하는 데 상당한 시간을 사용할 것입니다. 이 문제는 정적 배열에서 더 심각합니다. 배열에 쓰려고 예약해 둔 메모리 주소의 다음에 있는 메모리가 비어 있는지 확신할 수 없기 때문입니다.[1] 즉, C와 같은 언어에서 배열에 요소를 추가할 때는 1) 배열에 쓸 메모리 블록을 새로 예약하고, 2) 기존 블록의 데이터 전체를 새 블록으로 복사한 다음, 3) 새로운 요소를 추가하고, 4) 기존 블록을 비우는 방식으로 동작해야 할 수도 있다는 뜻입니다. 파이썬은 **과다 할당**Overallocation이라는 방법으로 리스트에 요소를 추가하는 작업을 효율적으로 처리합니다. 과다 할당이란 배열에 필요 이상의 메모리를 예약하고 배열이 실제로 요소를 얼마나 저장하는지, 사용하지 않는 공간은 어느 정도인지 모니터링하는 것을 말합니다.

개발자는 배열을 자주 사용하게 됩니다. 연속적인 데이터를 저장하고 접근해야 하는 상황이라면 가장 먼저 배열을 생각해야 합니다. 예를 들어, 콜 오브 듀티와 같은 게임을 만드는 중에 최상위 10명의 플레이어 순위를 보여 주는 페이지를 만든다고 해봅시다. 배열을 사용한다면 1위인 플레이어를 인덱스 0에 저장하고, 10위인 플레이어를 인덱스 9에 저장해 최상위 플레이어 10명의 이름과 점수, 순위를 쉽게 관리할 수 있습니다. 배열은 수학적 계산에 가장 중요한 자료구조 중 하나입니다. 많은 양의 숫자 데이터를 다뤄야 한다면 배열에 익숙해져야 합니다. 또한 배열을 사용해 다른 자료구조를 구현하기도 합니다. 배열을 사용해 스택과 큐 자료구조를 만드는 방법은 다음 챕터에서 설명하겠습니다.

많은 프로그래밍 언어의 런타임 시스템은 배열을 사용해 리스트와 같은 파이썬 개발자가 사용하는 고수준 자료구조를 구현합니다. 넘파이Numerical Python, NumPy와 같은 수치 해석용 파이썬 패키지에서 제공하는 배열은 수학, 과학, 재무, 통계 등 다양한 분야에서 매우 유용하게 활용

---

1 배열은 연속적인 자료구조이므로 배열에 쓴 공간의 바로 뒤가 비어 있지 않다면, 배열을 늘릴 때 메모리 주소를 옮기는 작업을 이중으로 해야 합니다.

할 수 있습니다. 넘파이 배열은 행렬 곱셈과 같은 수학적 연산 기능을 지원하며, 이 기능은 그래픽 애플리케이션에서 객체를 확대, 이동, 회전할 때 사용합니다. 운영 체제에서는 메모리 관리나 버퍼링처럼 연속적인 데이터를 조작할 때 배열을 사용하는 경우가 많습니다.

하지만 배열에 요소를 추가하는 작업은 O(n)을 따르기 때문에 거대한 데이터 세트에 자주 데이터를 추가해야 한다면 배열이 최선의 선택이라고는 할 수 없습니다. 이런 상황에서는 다음 챕터에서 설명할 링크드 리스트가 더 좋은 선택일 수 있습니다. 배열에 요소를 삽입하면 다른 요소의 인덱스가 전부 변하기 때문에 요소의 인덱스를 유지하고 싶다면 파이썬 딕셔너리^{Python} ^{Dictionary}를 사용하는 것이 더 적합할 수 있습니다.

배열 만들기

파이썬을 사용한다면 배열이 필요한 대부분의 상황에 리스트를 사용해도 됩니다. 하지만 배열의 일정한 성능이 필요하다면 파이썬에 내장된 **array** 클래스를 이용하는 것이 좋습니다. 다음 코드를 보겠습니다.

```
import array

arr = array.array('f', (1.0, 1.5, 2.0, 2.5))
print(arr[1])
```

실행 결과

```
1
```

먼저 파이썬의 **array** 모듈을 가져옵니다.

```
import array
```

다음에는 **array.array**에 두 개의 매개변수를 전달합니다. 첫 번째는 배열에 저장할 데이터의 타입을 지정합니다. 여기서 f는 실수(파이썬에서 십진수를 나타내는 데이터 타입)를 나타내지만 다른 데이터 타입으로도 지정할 수 있습니다. 두 번째는 배열에 넣을 데이터로 구성된 파이썬 리스트입니다.

```
arr = array.array('f', (1.0, 1.5, 2.0, 2.5))
```

일단 배열을 만들면 파이썬 리스트와 마찬가지로 사용할 수 있습니다.

```
print(arr[1])
```

하지만 배열을 생성할 때 지정한 것과 다른 데이터 타입을 추가하려고 하면 다음과 같이 오류가 발생합니다.

```
arr[1] = 'hello'
```

실행 결과

```
TypeError: "must be real number, not str"
```

넘파이 패키지는 C와 같은 저수준 프로그래밍 언어만큼 빠른 연산 기능도 제공합니다. 넘파이 배열에 대해 자세히 알고 싶다면 numpy.org에서 공식 문서를 읽어 보세요.

0 옮기기

리스트에 있는 0을 모두 찾아 리스트의 마지막으로 옮기고, 나머지 요소는 원래 순서를 유지하라는 문제도 기술 면접에 출제될 수 있습니다. 다음과 같은 리스트를 예로 들어 보겠습니다.

```
[8, 0, 3, 0, 12]
```

이 리스트를 다음과 같이 바꿔야 합니다.

```
[8, 3, 12, 0, 0]
```

파이썬으로 이 문제를 풀어 보겠습니다.

```python
def move_zeros(a_list):
    zero_index = 0
    for index, n in enumerate(a_list):
        if n != 0:
            a_list[zero_index] = n
            if zero_index != index:
                a_list[index] = 0
            zero_index += 1
    return(a_list)

a_list = [8, 0, 3, 0, 12]
move_zeros(a_list)
print(a_list)
```

먼저 **zero_index** 변수를 만들어 0으로 초기화합니다.

```python
zero_index = 0
```

다음에는 **enumerate** 함수를 사용해 **a_list**의 모든 인덱스와 숫자를 확인합니다.

```python
for index, n in enumerate(a_list):
```

다음은 n이 0이 아닐 때만 실행하는 코드입니다.

```
if n != 0:
    a_list[zero_index] = n
    if zero_index != index:
        a_list[index] = 0
    zero_index += 1
```

n이 0이 아니면 zero_index 위치에 저장했던 값을 n으로 바꾸고, zero_index와 index가 일치하는지를 확인합니다. 일치하지 않는다면 리스트에서 이보다 앞선 위치에 0이 있었다는 뜻이므로 index 위치에 있는 값을 0으로 바꾸고, zero_index에 1을 더합니다.

더 자세히 살펴봅시다. 다음 리스트에서 알고리즘이 첫 번째 0에 도달할 때의 index는 1입니다.

    [8, 0, 3, 0, 12]

값이 0이므로 다음 코드는 실행되지 않습니다.

```
if n != 0:
    a_list[zero_index] = n
    if zero_index != index:
        a_list[index] = 0
    zero_index += 1
```

즉, zero_index는 늘어나지 않았습니다. 다음 루프에서 index는 2이고, n은 3이며 리스트는 여전히 바뀌지 않았습니다.

    [8, 0, 3, 0, 12]

이번에는 n이 0이 아니므로 다음 코드가 실행됩니다.

```
if n != 0:                    #if 3 != 0:              True
    a_list[zero_index] = n         #a_list[1] = 3
    if zero_index != index:   #if 1 != 2:              True
        a_list[index] = 0          #a_list[2] = 0
    zero_index += 1           #zero_index 1 + 1
```

다음 코드가 실행되면

```
a_list[zero_index] = n            #a_list[1] = 3
```

원래 리스트가

```
[8, 0, 3, 0, 12]
```

이렇게 바뀝니다.

```
[8, 3, 3, 0, 12]
```

그리고 다음으로 이어지는 코드가

```
if zero_index != index:
    a_list[index] = 0             #a_list[2] = 0
```

이 리스트를

```
[8, 3, 3, 0, 12]
```

이렇게 바꾸죠.

```
[8, 3, 0, 0, 12]
```

즉, 주어진 코드가 리스트에 있는 0을 그 앞에 있는 0이 아닌 숫자 3과 바꿨습니다.

그 다음 루프는 index가 3이고 n이 0이므로 코드를 실행하지 않았습니다. 따라서 다음 루프에서 zero_index는 아직 2이고, index는 4입니다. n은 12이고 0이 아니므로 다음 코드가 다시 실행됩니다.

```
if n != 0:                      #if 12 != 0:              True
    a_list[zero_index] = n          #a_list[2] = 12
    if zero_index != index:     #if 2 != 4:              True
        a_list[index] = 0           #a_list[4] = 0
    zero_index += 1             #zero_index 2 + 1
```

따라서 다음 코드는

```
a_list[zero_index] = n          #a_list[2] = 12
```

이 리스트를

```
[8, 3, 0, 0, 12]
```

이렇게 바꿉니다.

```
[8, 3, 12, 0, 12]
```

그리고 다음 코드는

```
if zero_index != index:
    a_list[index] = 0           #a_list[4] = 0
```

이 리스트를

```
[8, 3, 12, 0, 12]
```

이렇게 바꿨습니다.

```
[8, 3, 12, 0, 0]
```

이제 모든 0이 리스트의 마지막으로 이동했고, 나머지 숫자들은 원래의 순서를 유지하고 있습니다.

> **NOTE**
>
> 지금까지 설명했던 알고리즘 중에서는 가장 복잡한 것 같네요. 이 알고리즘은 다음과 같이 실행됩니다.
>
> | index | zero_index | n | a_list | 실행 과정 |
> |---|---|---|---|---|
> | 0 | 0 | 8 | [8, 0, 3, 0, 12] | a_list[0] = 8
zero_index += 1 |
> | 0 | 1 | 8 | [8, 0, 3, 0, 12] | |
> | 1 | 1 | 0 | [8, 0, 3, 0, 12] | n == 0 #실행하지 않습니다. |
> | 1 | 1 | 0 | [8, 0, 3, 0, 12] | |
> | 2 | 1 | 3 | [8, 0, 3, 0, 12] | a_list[1] = 3
a_list[2] = 0
zero_index += 1 |
> | 2 | 2 | 3 | [8, 3, 0, 0, 12] | |
> | 3 | 2 | 0 | [8, 3, 0, 0, 12] | n == 0 #실행하지 않습니다. |
> | 3 | 2 | 0 | [8, 3, 0, 0, 12] | |
> | 4 | 2 | 12 | [8, 3, 0, 0, 12] | a_list[2] = 12
a_list[4] = 0
zero_index += 1 #무의미합니다. |
> | 4 | 3 | 12 | [8, 3, 12, 0, 0] | |

이 알고리즘에는 a_list의 요소를 확인하는 하나의 루프만 있으므로 시간 복잡도 O(n)을 따릅니다.

리스트의 결합

두 개의 리스트를 결합하는 방법도 알아보겠습니다. 리스트 결합은 일상적인 프로그래밍에서도 자주 해결해야 하는 문제입니다. 예를 들어 다음과 같은 영화 리스트가 있다고 합시다.

```
movie_list = [ "Interstellar", "Inception",
               "The Prestige", "Insomnia",
               "Batman Begins"
             ]
```

영화의 평점 리스트도 있습니다.

```
ratings_list = [1, 10, 10, 8, 6]
```

다음과 같이 두 데이터 세트를 결합해 각 영화의 제목과 평점을 담은 튜플Tuple 리스트를 만들겠습니다. 튜플은 값을 추가 또는 삭제할 수 없는 불변의 자료구조를 말합니다.

```
[('Interstellar', 1),
 ('Inception', 10),
 ('The Prestige', 10),
 ('Insomnia', 8),
 ('Batman Begins', 6)]
```

파이썬에 내장된 **zip** 함수를 사용하면 두 리스트를 결합할 수 있습니다.

```
print(list(zip(movie_list, ratings_list)))
```

```
[('Interstellar', 1),
 ('Inception', 10),
 ('The Prestige', 10),
 ('Insomnia', 8),
 ('Batman Begins', 6)]
```

zip 함수는 하나 이상의 이터러블 데이터를 받아 각 이터러블 데이터의 요소를 순서대로 묶어 놓은 zip 객체를 반환하고, 이 객체를 리스트로 변환합니다. 영화의 제목과 평점이 묶인 튜플 리스트를 실행 결과로 확인할 수 있습니다.

중복 요소 찾기

리스트에서 중복되는 요소를 찾는 것 역시 기술 면접에서 자주 출제되는 문제로, 일상적인 프로그래밍에서도 자주 마주치게 될 것입니다. 이 문제를 해결하는 한 가지 방법은 리스트의 각 요소를 다른 요소와 비교하는 것입니다. 하지만 이렇게 무턱대고 비교하는 방법은 두 번의 중첩된 루프가 필요하므로 O(n**2)을 따르게 됩니다. 파이썬의 세트 타입을 이용하면 좀 더 쉽게 중복을 찾을 수 있습니다. 세트는 중복 요소를 포함할 수 없는 자료구조입니다. 'Kanye West'라는 문자열이 세트에 이미 존재한다면 다시 'Kanye West'를 추가하는 것은 불가능합니다.

파이썬에서 세트를 만들고 데이터를 추가하는 방법은 다음과 같습니다.

```
a_set = set()
a_set.add("Kanye West")
a_set.add("Kendall Jenner")
a_set.add("Justin Bieber")
print(a_set)
```

{'Kanye West', 'Kendall Jenner', 'Justin Bieber'}

문자열 "Kanye West", "Kendall Jenner", "Justin Bieber"가 포함된 세트를 만들었습니다. 이제 세트에 "Kanye West"를 추가할 수 있는지 봅시다.

```
a_set = set()
a_set.add('Kanye West')
a_set.add('Kanye West')
a_set.add('Kendall Jenner')
a_set.add('Justin Bieber')
print(a_set)
```

{'Kanye West', 'Kendall Jenner', 'Justin Bieber'}

세트에는 여전히 세 개의 요소만 들어 있습니다. 파이썬은 중복되는 'Kanye West'를 세트에 추가하지 않았습니다. 세트는 중복을 허용하지 않기 때문에 이터러블 데이터에서 요소를 하나씩 세트에 추가할 때, 세트의 길이가 그대로라면 추가하려는 요소가 중복이라는 것을 알 수 있습니다.

다음은 세트를 사용해 리스트에 중복이 있는지 확인하는 함수입니다.

```
def return_dups(an_iterable):
    dups = []
    a_set = set()

    for item in an_iterable:
        l1 = len(a_set)
        a_set.add(item)
        l2 = len(a_set)
```

```
        if l1 == l2:
            dups.append(item)
    return dups

a_list = [
    "Susan Adams",
    "Kwame Goodall",
    "Jill Hampton",
    "Susan Adams"]

dups = return_dups(a_list)
print(dups)
```

테스트할 리스트에는 네 개의 요소가 있으며, 그중 **"Susan Adams"**는 중복입니다. return_ dups 함수는 이터러블 데이터인 **an_iterable**을 매개변수로 받습니다.

```
def return_dups(an_iterable):
```

함수에서는 중복되는 요소를 저장할 빈 리스트인 **dups**를 만듭니다.

```
dups = []
```

빈 세트인 **a_set**도 만듭니다.

```
a_set = set()
```

그리고 **for** 루프를 사용해 **an_iterable**의 요소를 순회합니다.

```
for item in an_iterable:
```

세트의 길이를 저장하고 **an_iterable**에서 요소 하나를 추가한 다음, 다시 세트의 길이가 바뀌었는지 확인합니다.

```
l1 = len(a_set)
a_set.add(item)
l2 = len(a_set)
```

세트의 길이가 바뀌지 않았다면 방금 추가한 요소는 중복이므로 dups 리스트에 저장합니다.

```
if l1 == l2:
    dups.append(item)
```

함수를 실행하면 중복이 포함된 이터러블을 전달하면서 중복 요소가 모두 포함된 dups 리스트가 반환됩니다.

```
def duplicates(an_iterable):
    dups = []
    a_set = set()
    for item in an_iterable:
        l1 = len(a_set)
        a_set.add(item)
        l2 = len(a_set)
        if l1 == l2:
            dups.append(item)
    return dups

a_list = [
    'Susan Adams',
    'Kwame Goodall',
    'Jill Hampton',
    'Susan Adams']
```

```
dups = duplicates(a_list)
print(dups)
```

```
['Susan Adams']
```

두 리스트의 교집합 찾기

두 리스트의 교집합을 찾는 함수를 작성하는 것 역시 중요한 문제입니다. 예를 들어, 이번 주 복권의 당첨 번호가 담긴 리스트와 그동안 복권의 당첨 번호로 가장 자주 등장했던 숫자가 담긴 리스트가 있다고 합시다.

```
this_weeks_winners = [2, 43, 48, 62, 64, 28, 3]
most_common_winners = [1, 28, 42, 70, 2, 10, 62, 31, 4, 14]
```

이번 주 복권 당첨 번호와 그동안의 당첨 번호들이 얼마나 겹치는지를 알아보겠습니다. 먼저 list1의 값이 list2에도 존재하는지 확인하는 필터와 리스트 축약을 사용해 새로운 리스트를 만드는 방법이 있습니다.

```
def return_inter(list1, list2):
    list3 = [v for v in list1 if v in list2]
    return list3

list1 = [2, 43, 48, 62, 64, 28, 3]
list2 = [1, 28, 42, 70, 2, 10, 62, 31, 4, 14]
print(return_inter(list1, list2))
```

```
[2, 62, 28]
```

보이는 것처럼 숫자 2, 62, 28이 두 리스트에 모두 존재합니다. 코드를 살펴보겠습니다.

코드에서는 for 루프를 사용해 list1을 순회하며 각각의 요소가 list2에도 존재하는 경우에만 새 리스트에 추가합니다.

```
list3 = [v for v in list1 if v in list2]
```

파이썬의 in 키워드는 이터러블에서 값을 탐색합니다. 정렬되지 않은 리스트에서 값을 탐색하기 때문에 파이썬은 선형 탐색을 사용합니다. 즉, 리스트 축약 루프 안에서 in 키워드가 다시 루프를 실행하므로 O(n**2)을 따르게 됩니다.

이 문제는 세트를 사용해 풀 수도 있습니다. 파이썬의 세트에는 두 개 이상의 세트에 모두 존재하는 요소를 반환하는 교집합 함수 intersection이 있어 다음과 같이 리스트를 쉽게 세트로 바꿀 수 있습니다.

```
set1 = set(list1)
set2 = set(list2)
```

리스트를 세트로 바꾸면 intersection 함수를 사용해 두 세트에 중복되는 요소가 있는지 확인할 수 있습니다. intersection 함수는 다음과 같이 사용합니다.

```
set1.intersection(set2)
```

그리고 list 함수를 사용해 교집합을 다시 리스트로 변환하면 됩니다.

```
list(set1.intersection(set2))
```

전체 코드는 다음과 같습니다.

```
def return_inter(list1, list2):
    set1 = set(list1)
    set2 = set(list2)
    return list(set1.intersection(set2))

list1 = [2, 43, 48, 62, 64, 28, 3]
list2 = [1, 28, 42, 70, 2, 10, 62, 31, 4, 14]
new_list = return_inter(list1, list2)
print(new_list)
```

실행 결과

```
[2, 28, 62]
```

먼저 두 개의 리스트를 매개변수로 받는 return_inter 함수를 정의합니다.

```
def return_inter(list1, list2):
```

다음에는 리스트를 세트로 변환합니다.

```
set1 = set(list1)
set2 = set(list2)
```

그리고 intersection 함수를 사용해 중복되는 요소를 찾습니다.

```
list(set1.intersection(set2))
```

마지막으로 다시 세트를 리스트로 변환한 결과를 반환합니다.

```
return list(set1.intersection(set2))
```

intersection 함수는 두 개의 세트만 비교할 수 있는 것이 아닙니다. 원하는 만큼의 세트를 매개변수로 호출할 수 있습니다. 다음 코드는 네 개의 세트에서 중복되는 요소를 찾습니다.

```
(s1.intersection(s2, s3, s4))
```

용어 복습

- **리스트** | 순서가 있는 값을 저장하는 자료구조를 정의하는 추상 데이터 타입
- **배열** | 연속적인 메모리 블록에 인덱스와 함께 요소를 저장하는 자료구조
- **동질적 자료구조** | 정수나 문자열과 같이 한 가지의 데이터 타입만 저장하는 자료구조
- **이질 가변 길이 배열** | 배열을 생성한 뒤에도 크기를 바꿀 수 있고, 여러 데이터 타입을 저장할 수 있는 배열
- **가변 길이 배열** | 배열을 생성한 뒤에도 크기를 바꿀 수 있는 배열
- **이질 배열** | 여러 타입의 데이터를 저장할 수 있는 배열
- **시작 주소** | 배열의 첫 번째 요소가 저장된 메모리 위치
- **1차원 배열** | 정수 인덱스 하나로 각 요소에 접근하는 배열
- **다차원 배열** | 차원 수만큼의 인덱스로 각 요소에 접근하는 배열
- **과다 할당** | 리스트가 필요로 하는 메모리보다 더 많은 메모리를 할당한 후, 그 리스트가 요소를 얼마나 저장하고 있으며 빈 공간은 얼마나 되는지 모니터링하는 방법
- **세트** | 중복되는 요소를 허용하지 않는 자료구조

연습문제

1. 음이 아닌 정수로 구성되어 있는 배열 an_array에서 짝수만 추출한 배열과 홀수만 추출한 배열을 만들어 보세요.

CHAPTER 09

링크드 리스트

> 프로그램을 배우면 생각의 범위가 확장됩니다. 사고의 수준이 올라가는 동시에 어떤 영역에서든 유용한 것들을 떠올릴 수 있게 됩니다.
>
> 빌 게이츠 Bill Gates

링크드 리스트 Linked List 역시 추상 데이터 타입의 리스트를 구현한 자료구조 중 하나입니다. 배열과 마찬가지로 앞이나 뒤에 요소를 추가하고 탐색하며, 삭제할 수 있습니다. 하지만 링크드 리스트의 요소에는 인덱스가 없습니다. 링크드 리스트의 요소는 연속적인 메모리 블록에 저장되지 않기 때문입니다. 그 대신 노드의 체인이 저장됩니다. 링크드 리스트의 **노드** Node는 데이터를 보관하는 필드와 다음 노드의 위치를 나타내는 **포인터** Pointer로 이뤄져 있습니다. 링크드 리스트는 이러한 노드의 체인, 노드를 연결하여 만든 리스트를 말합니다. 또한 링크드 리스트의 첫 번째 노드는 **헤드** Head라고 부르고, 마지막 노드는 테일 Tail이라고 부릅니다. 보통 링크드 리스트의 마지막 노드에는 **None**을 가리키는 포인터가 포함되므로, 이를 확인하면 해당 노드가 리스트의 마지막 노드임을 알 수 있습니다.

그림 9-1 | 링크드 리스트

링크드 리스트는 배열과 달리 비연속적인 메모리에도 저장할 수 있습니다.

그림 9-2 | 연속적이지 않은 링크드 리스트

문자 a를 메모리 주소 41860에 저장했습니다. 리스트의 다음 요소인 b를 반드시 41860의 다음 주소인 41861에 저장할 필요가 없습니다. 빈 메모리 어디든 저장할 수 있습니다. 여기서는 메모리 주소 41862에 저장했죠.

각 노드는 다음 노드의 주소를 가리키는 포인터를 갖고 있어 리스트의 모든 요소가 연결됩니다. 예시에서 링크드 리스트의 첫 번째 요소인 a는 두 번째 요소인 b의 메모리 주소 1862를 가리키는 포인터를 갖고 있습니다. 요소 b는 다음 노드인 c의 주소를 가리키는 포인터를 갖고 있으므로 계속해서 노드가 이어집니다. 이렇게 모든 요소들이 연속적으로 연결되는 것입니다.

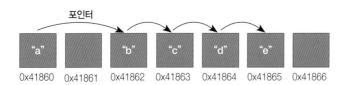

그림 9-3 | 링크드 리스트의 포인터

링크드 리스트에는 요소를 삽입해도 다른 데이터들을 밀어낼 필요가 없습니다. 단지 포인터 두 개만 수정하면 됩니다. 다음은 리스트의 요소 a 다음으로 새로운 요소 f를 추가했을 때 노드가 어떻게 작동하는지를 나타낸 것입니다.

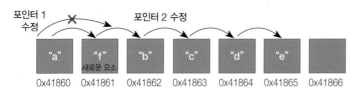

그림 9-4 | 링크드 리스트의 요소 추가

b를 가리키던 a의 포인터가 f를 가리키도록 수정하고, f에 다음 요소인 b를 가리키는 포인터를 추가하면 끝입니다. 그 이상의 어떤 작업도 필요하지 않습니다.

링크드 리스트에는 여러 가지 타입이 있습니다. 앞에서 살펴본 예시는 단일 링크드 리스트에 해당합니다. **단일 링크드 리스트**Singly Linked List는 각 노드에 다음 요소를 가리키는 포인터만 있는 링크드 리스트를 말하고, **이중 링크드 리스트**Doubly Linked List는 각 노드에 다음 요소를 가리키는 포인터와 이전 요소를 가리키는 포인터가 모두 있는 링크드 리스트를 말합니다. 다음과 같이 이중 링크드 리스트에서는 두 방향의 포인터를 통해 어느 방향으로든 이동할 수 있습니다.

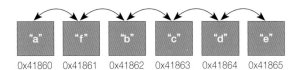

그림 9-5 | 이중 링크드 리스트

단일 링크드 리스트는 헤드에서 시작해 마지막을 향해 이동하는 것 외에는 할 수 있는 것이 없지만, 이중 링크드 리스트는 헤드에서 마지막으로 이동하는 것뿐만 아니라 이전 노드로도 이동할 수 있습니다.

환형 링크드 리스트 Circular Linked List는 마지막 노드에 첫 번째 노드를 가리키는 포인터가 있어 마지막 요소에서 처음으로 돌아올 수 있습니다. 이런 자료구조는 시작과 끝이 명확하지 않은 데이터를 반복적으로 순환하는 애플리케이션에 유용합니다. 예를 들어, 리그전 방식의 온라인 게임에서 플레이어 데이터를 저장하거나 각 사용자가 CPU 시간을 나누어 할당 받는 리소스 풀Resource Pool 환경에도 사용할 수 있습니다. 링크드 리스트의 어떤 노드에든 이전 노드를 가리키는 포인터가 있을 때는 '이 리스트에 **사이클**Cycle이 있다'고 말합니다.

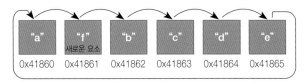

그림 9-6 | 환형 링크드 리스트

링크드 리스트의 성능

배열에서는 하나의 위치 정보, 인덱스만 알고 있으면 어떤 요소에 접근하든 상수 시간을 따랐습니다. 하지만 [표 9-1]과 같이 링크드 리스트에서는 노드로 연결되어 있는 리스트를 선형 탐색해야만 원하는 요소에 접근할 수 있으므로 O(n)을 따르게 됩니다. 반면 노드를 추가하거나 제거하는 작업에서 링크드 리스트는 O(1)을 따르고, 배열은 O(n)을 따릅니다. 이 부분이 링크드 리스트의 가장 뛰어난 장점입니다. 마지막으로 탐색의 경우에는 링크드 리스트와 배열 모두 O(n)을 따릅니다.

자료구조	시간 복잡도							
	평균				최악			
	접근	탐색	삽입	삭제	접근	탐색	삽입	삭제
배열	O(1)	O(n)	O(n)	O(1)	O(1)	O(n)	O(n)	O(n)
스택	O(n)	O(n)	O(1)	O(1)	O(n)	O(n)	O(1)	O(1)
큐	O(n)	O(n)	O(1)	O(1)	O(n)	O(n)	O(1)	O(1)
링크드 리스트	O(n)	O(n)	O(1)	O(1)	O(n)	O(n)	O(1)	O(1)
해시 테이블	N/A	O(1)	O(1)	O(1)	N/A	O(n)	O(n)	O(n)
이진 탐색 트리	O(log n)	O(log n)	O(log n)	O(log n)	O(n)	O(n)	O(n)	O(n)

표 9-1 | 링크드 리스트의 실행 시간

개념적으로 링크드 리스트는 파이썬 리스트나 배열과 거의 흡사하므로 파이썬 리스트, 배열을 사용하기에 적합한 상황이라면 링크드 리스트 역시 적합합니다. 앞에서 설명했듯이 배열에 데이터를 추가하거나 제거하는 작업은 O(n)을 따릅니다. 따라서 데이터를 자주 추가하거나 제거하는 알고리즘을 작성한다면 O(1)로 작업을 수행하는 링크드 리스트를 먼저 고려하는 것이 좋습니다. 링크드 리스트는 운영 체제의 메모리 관리 시스템, 데이터베이스나 회계, 재무, 금융 거래와 같은 비즈니스 시스템에서 광범위하게 사용됩니다. 링크드 리스트로 다른 자료구조를 만들 수도 있습니다. 나중에 배울 스택과 큐 자료구조를 만들 때도 링크드 리스트를 사용합니다. 링크드 리스트는 암호화폐를 뒷받침하는 웹 3.0의 기반 기술인 블록체인의 필수 요소이기도 합니다. 블록체인은 그 자체가 링크드 리스트와 비슷하며, 일부 블록체인 기술은 링크드 리스트를 사용하기도 합니다.

링크드 리스트는 유용하지만 몇 가지 단점도 존재합니다. 반드시 각 노드에 다음 노드를 가리키는 포인터가 있어야 한다는 것입니다. 포인터도 역시 리소스가 필요하므로 링크드 리스트가 배열보다 더 많은 메모리를 사용합니다. 노드 하나에 저장하는 데이터의 크기가 아주 작다면, 예를 들어 노드 하나에 하나의 정수만 저장하는 링크드 리스트의 경우에는 같은 데이터를 저장하는 배열의 두 배에 달하는 메모리를 사용할 수도 있습니다.

링크드 리스트의 두 번째 단점은 **임의 접근**Random Access이 불가능하다는 것입니다. 컴퓨터 과학에서 임의 접근이란 상수 시간 내에 무작위로 데이터에 접근하는 경우를 말합니다. 배열에서는 언제든 세 번째 요소에 접근할 수 있지만 링크드 리스트에서는 불가능합니다. 링크드 리스트에서는 반드시 헤드에서 시작해 각 포인터를 따라 움직이며 세 번째 요소에 도달할 때까지 이를 반복해야 합니다. 이것은 분명 단점이지만, 이 문제를 극복한 링크드 리스트도 있습니다.

링크드 리스트 만들기

파이썬에서는 다양한 방법으로 링크드 리스트를 구현할 수 있습니다. 그중 한 가지 방법은 링크드 리스트와 그 노드를 나타내는 클래스를 정의하는 것입니다. 코드로 살펴보겠습니다.

```
class Node:
    def __init__(self, data, next=None):
        self.data = data
        self.next = next
```

이 클래스에는 두 개의 변수가 있습니다. 첫 번째 변수인 data는 말 그대로 데이터를 담고, 두 번째 변수인 next는 다음 노드를 가리킵니다. C와 같은 프로그래밍 언어와 달리 파이썬은 메모리 주소처럼 복잡한 부분을 개발자가 직접 처리하지 않아도 됩니다. Node라는 클래스의 인스턴스(클래스에서 정의된 속성과 성질을 가진 실제적인 객체)와 같은 객체를 만들면 파이썬은 이 객체를 가리키는 포인터(또는 참조)를 반환합니다. 이 포인터는 실제 데이터가 위치하고 있는 메모리 주소를 말합니다. 메모리 주소와 같은 기본 작업은 파이썬이 처리하기 때문에 파이썬에서 변수에 객체를 할당할 때는 그 포인터(참조)만 알면 됩니다.

그 다음에는 링크드 리스트를 나타내는 클래스를 정의합니다. 이 클래스에는 리스트의 헤드를 나타내는 인스턴스 변수 head가 있습니다.

```python
class LinkedList:
    def __init__(self):
        self.head = None
```

LinkedList 클래스 내부에 새로운 노드를 추가할 때 사용하는 append 메서드를 정의합니다.

```python
class LinkedList:
    def __init__(self):
        self.head = None

    def append(self, data):
        if not self.head:
            self.head = Node(data)
            return
        current = self.head
        while current.next:
            current = current.next
        current.next = Node(data)
```

append 메서드는 매개변수로 데이터를 받아 새로운 노드를 만든 다음, 링크드 리스트에 추가합니다. 리스트에 헤드가 없다면 새로운 노드를 만들어 헤드로 삼습니다.

```
if not self.head:
    self.head = Node(data)
    return
```

이미 리스트에 헤드가 있다면 새로운 노드를 만든 다음, 마지막 노드를 찾아 인스턴스 변수 next에 새로운 노드를 할당합니다. 이를 위해 current 변수를 만들고, 여기에 리스트의 헤드를 할당합니다.

```
current = self.head
```

그리고 while 루프를 사용해 current.next가 None이 아닌 한 계속 반복해 링크드 리스트의 마지막으로 이동합니다.

```
while current.next:
```

while 루프에서는 current가 None이 될 때까지 current에 current.next를 할당합니다. current가 None이 되면 while 루프를 종료합니다.

```
while current.next:
    current = current.next
```

이제 current 변수가 마지막 노드를 가리키므로 새로운 노드를 만들어 current.next에 할당합니다.

```
current.next = Node(data)
```

다음은 append를 사용하여 링크드 리스트에 새로운 노드를 추가하는 예제입니다.

```
a_list = LinkedList()
a_list.append("Tuesday")
a_list.append("Wednesday")
```

다음과 같이 LinkedList 클래스에 __str__ 메서드를 추가해 노드를 쉽게 출력할 수도 있습니다.

```
    def __str__ (self):
        node = self.head
        while node is not None:
            print(node.data)
            node = node.next
        return "end"

a_list = LinkedList()
a_list.append("Tuesday")
a_list.append("Wednesday")
print(a_list)
```

실행 결과

```
Tuesday
Wednesday
```

파이썬에서는 __str__과 같은 메서드를 '매직 메서드'라고 부릅니다. 파이썬은 __str__메서드가 있는 객체를 출력할 때 이 메서드를 호출합니다.

파이썬에는 링크드 리스트가 내장되어 있지 않지만 내부적으로 링크드 리스트를 사용하는 **디큐**Deque라는 자료구조를 갖고 있습니다. 파이썬에 내장된 디큐를 사용하면 링크드 리스트를 직접 작성하지 않고도 링크드 리스트의 효율성만 이용할 수 있습니다.

```
from collections import deque

d = deque()
d.append('Harry')
d.append('Potter')

for item in d:
    print(item)
```

> **실행 결과**
>
> 'Harry'
> 'Potter'

링크드 리스트의 탐색

앞에서 살펴본 LinkedList 클래스의 append 메서드를 조금 수정하면 링크드 리스트에서 요
소를 탐색할 수 있습니다.

```
def search(self, target):
    current = self.head
    while current.next:
        if current.data == target:
            return True
        else:
            current = current.next
    return False
```

search 메서드는 탐색하려는 데이터인 target을 매개변수로 받습니다. 링크드 리스트를 거
치면서 현재 노드의 데이터와 일치하면 True를 반환합니다.

```
    if current.data == target:
        return True
```

현재 노드의 데이터와 일치하지 않으면 current에 다음 노드를 할당하고, 계속 반복합니다.

```
    else:
        current = current.next
```

링크드 리스트의 마지막까지 진행하고도 일치하는 요소를 발견하지 못하면 리스트에 그 값이 없는 것이므로 False를 반환합니다.

```
    return False
```

1부터 30까지의 범위에서 무작위로 숫자 20개의 링크드 리스트를 만든 다음 10을 탐색해 알고리즘을 테스트해 볼 수 있습니다.

```
import random

a_list = LinkedList()

for i in range(0, 20):
    j = random.randint(1, 30)
    a_list.append(j)
    print(j, end= " ")

print(a_list.search(10))
```

링크드 리스트에서 노드 제거하기

링크드 리스트에서 노드를 제거하는 문제도 기술 면접에 자주 출제됩니다. 선형 탐색을 사용하면 링크드 리스트에서 삭제할 노드를 찾아 제거할 수 있습니다. 노드를 삭제할 때는 다음 그림과 같이 이전 노드의 포인터를 수정하여 삭제할 노드를 가리키지 않도록 변경해야 합니다.

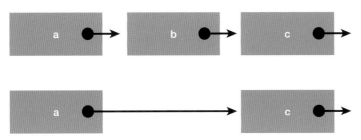

그림 9-7 | 링크드 리스트의 노드 제거

링크드 리스트에서 노드를 제거하는 함수는 다음과 같습니다.

```python
def remove(self, target):
    if self.head == target:
        self.head = self.head.next
        return
    current = self.head
    previous = None
    while current:
        if current.data == target:
            previous.next = current.next
        previous = current
        current = current.next
```

remove 메서드는 제거할 노드의 데이터인 target을 매개변수로 받습니다. 첫 번째로 할 일은 제거할 노드가 리스트의 헤드인 경우를 처리하는 것입니다.

```
    if self.head == target:
        self.head = self.head.next
        return
```

제거할 노드가 헤드라면 **self.head**에 다음 노드를 할당하고 종료합니다. 그렇지 않으면 링크드 리스트를 순회하면서 현재 노드와 이전 노드를 각각 변수 current와 previous에 저장해 다음과 같이 초기화합니다.

```
    current = self.head
    previous = None
```

이제 **while** 루프를 사용해 링크드 리스트를 순회합니다. 원하는 데이터를 찾으면 **previous. next**에 current.next를 할당해 리스트에서 노드를 제거합니다.

```
    while current:
        if current.data == target:
            previous.next = current.next
        previous = current
        current = current.next
```

링크드 리스트 뒤집기

링크드 리스트를 역순으로 뒤집는 방법도 알아야 합니다. 링크드 리스트를 뒤집을 때는 리스트를 순회하면서 현재 노드와 이전 노드를 변수에 저장하고, 현재 노드가 이전 노드를 가리키도록 바꿉니다. 링크드 리스트의 모든 포인터를 바꿨다면 리스트가 뒤집힌 것입니다.

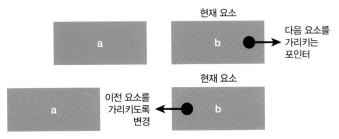

그림 9-8 | 링크드 리스트 뒤집기

코드로 살펴보겠습니다.

```
def reverse_list(self):
    current = self.head
    previous = None
    while current:
        next = current.next
        current.next = previous
        previous = current
        current = next
    self.head = previous
```

while로 링크드 리스트를 순회하면서 변수 current와 previous에 현재 노드와 이전 노드를 저장합니다.

while 루프에서는 먼저 next 변수에 current.next를 할당하고, current.next에 previous를 할당합니다. 순서를 지켜야 합니다. current.next에 previous를 할당했다면 포인터의 방향을 바꾸는 작업이 완료된 것입니다.

```
next = current.next
current.next = previous
```

그 다음에는 previous에 current를, current에 next를 할당해 다음 요소에서 포인터를 바꿀 수 있도록 준비합니다.

```
        previous = current
        current = next
```

모든 포인터를 변경한 후에는 self.head에 previous를 할당합니다. 헤드에 current가 아니라 previous를 할당하는 이유는 링크드 리스트의 마지막에서 current에 next를 할당했으므로 현 시점에서는 current가 None이고, 리스트를 뒤집기 전의 마지막 노드가 previous에 할당되어 있기 때문입니다. 리스트를 뒤집었으므로 뒤집기 전의 마지막 노드가 헤드로 바뀝니다.

링크드 리스트의 사이클 찾기

앞에서 환형 링크드 리스트의 마지막 요소는 헤드를 가리킨다고 설명했습니다. 기술 면접에서 링크드 리스트에 사이클이 포함되어 있는지 알아내라는 문제를 달리 표현하면, 마지막 요소가 '다음' 변수의 값으로 None이 아니라 리스트의 어떤 요소를 가리키는지를 확인하라는 것입니다.

링크드 리스트에서 사이클을 찾는 알고리즘 중에는 **토끼와 거북이 알고리즘**Tortoise-and-The-Hare Algorithm이라는 알고리즘이 있습니다. 이 알고리즘은 두 가지 속도로 링크드 리스트를 순회하면서 현재 노드를 각각 변수 slow와 fast에 담습니다. 사이클이 있는 링크드 리스트라면 결국 fast 변수가 slow 변수를 따라잡아 같은 값이 되는 때가 올 것입니다. 그렇지 않고 링크드 리스트의 마지막에 도달한다면 이 링크드 리스트에는 사이클이 없는 것이죠.

토끼와 거북이 알고리즘은 다음과 같이 구현할 수 있습니다.

```
def detect_cycle(self):
    slow = self.head
    fast = self.head
    while True:
        try:
```

```
        slow = slow.next
        fast = fast.next.next
        if slow is fast:
            return True
    except:
        return False
```

fast와 slow 두 변수로 시작합니다.

```
slow = self.head
fast = self.head
```

그리고 무한 루프를 만듭니다.

```
while True:
```

무한 루프에서는 링크드 리스트의 다음 노드를 slow에, 그 다음 노드를 fast에 할당합니다. 링크드 리스트에 사이클이 없다면 언젠가는 fast가 None이 되어 None.next를 호출하게 되고, 코드에 오류가 발생하게 됩니다. 이를 막기 위해 try 블록을 사용하는 것입니다. try 블록은 입력이 빈 리스트이거나 요소가 하나만 있는 리스트일 때도 프로그램이 실패하지 않고 실행되도록 합니다.

```
try:
    slow = slow.next
    fast = fast.next.next
```

그 다음에는 slow와 fast가 같은 노드를 가리키는지 확인합니다. 하나 이상의 노드가 같은 데이터를 포함할 수도 있으므로 노드의 값을 비교하지 않습니다. 대신 is 키워드를 사용해 두 노드가 같은 객체인지 확인합니다. 같은 객체라면 링크드 리스트에 사이클이 있는 것이므로

True를 반환합니다.

```
if slow is fast:
    return True
```

오류가 발생했다면 None에서 .next를 호출했다는 것이므로 링크드 리스트에 사이클이 없다는 의미입니다. 따라서 False를 반환합니다.

용어 복습

- **링크드 리스트** | 추상 데이터 타입의 리스트를 구현한 자료구조
- **노드** | 데이터를 포함하며 다른 데이터와 연결될 수 있는 자료구조의 일부분
- **포인터** | 노드에서 다음 노드의 위치를 가리키는 데이터
- **헤드** | 링크드 리스트의 첫 번째 노드
- **단일 링크드 리스트** | 각 요소에 다음 요소를 가리키는 포인터만 있는 링크드 리스트
- **이중 링크드 리스트** | 각 노드에 각각 다음 노드와 이전 노드를 가리키는 포인터가 모두 있어, 어떤 방향으로든 이동할 수 있는 링크드 리스트
- **환형 링크드 리스트** | 마지막 노드가 헤드를 가리키는 포인터가 있어 마지막 요소에서 처음으로 이동할 수 있는 링크드 리스트
- **사이클** | 링크드 리스트에 이전 노드를 가리키는 포인터가 있는 경우
- **임의 접근** | 상수 시간 내에 무작위로 데이터에 접근할 수 있는 경우
- **토끼와 거북이 알고리즘** | 링크드 리스트를 두 가지 속도로 순회하는 알고리즘

연습문제

1. 1부터 100까지의 숫자로 링크드 리스트를 만들고, 그 리스트의 노드를 모두 출력해 보세요.
2. 하나는 사이클이 있고 하나는 없는 두 개의 링크드 리스트를 만들어 보세요. 두 리스트에는 모두 사이클을 찾는 detect_cycle 메서드가 있어야 합니다. 그리고 각 리스트에서 detect_cycle을 호출해 보세요.

스택

> 창의적이고 비전이 있는 사람이 되는 길을 따라간다면 아마 어떤 방식으로든 기술 분야에서 일하게 될 겁니다.
>
> — 스테판 커리 Steph Curry

스택Stack은 가장 최근에 추가한 요소만 제거할 수 있는 선형 자료구조를 말합니다. 책이나 접시 같은 것을 쌓아 놓았다고 생각해 봅시다. 책을 쌓아 놓았으면 맨 위에만 책을 더 얹거나 뺄 수 있습니다. 책 더미에서 세 번째 책을 꺼내고 싶다면 반드시 그 위에 있는 책을 먼저 내려야 합니다.

스택은 대표적인 후입 선출 자료구조입니다. **후입 선출 자료구조**(LIFO)Last-In, First-Out Data Structure 란 말 그대로 마지막에 추가한 요소부터 꺼낼 수 있는 자료구조를 말합니다. 반드시 순서를 따라야 하기 때문에 **접근이 제한된 자료구조**Limited-Access Data Structure라고 하기도 합니다.

스택에는 [그림 10-1]과 같이 푸시와 팝이라는 두 가지 동작이 있습니다. **푸시**Pushing는 스택에 요소를 추가하는 것을 의미하고, **팝**Popping은 스택에 마지막으로 추가한 요소를 꺼내는 것을 의미합니다. 스택의 마지막에 있는 요소를 제거하지 않고 접근만 하는 **픽**Peeking과 같은 동작을 정의하기도 합니다.

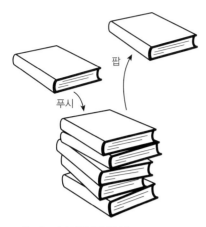

푸시

팝

그림 10-1 | 스택의 푸시와 팝

스택은 제한된 스택과 무제한 스택으로 나눌 수 있습니다. **제한된 스택** ^{Bounded Stack}은 추가할 수 있는 요소의 수에 제한이 있는 스택이고, **무제한 스택** ^{Unbounded Stack}은 추가할 수 있는 요소의 수에 제한이 없는 스택입니다. 추상 데이터 타입과 자료구조의 차이를 아직도 잘 모르겠다면 스택을 통해 좀 더 쉽게 이해할 수 있습니다. 스택 추상 데이터 타입은 가장 최근에 추가한 요소에만 접근을 허용하는 자료구조의 개념입니다. 하지만 이런 자료구조를 만드는 방법은 여러 가지입니다. 예를 들어, 클래스를 통해 스택을 정의하면 내부적으로 스택의 요소를 추적하기 위해 링크드 리스트를 쓸 수도 있고, 배열을 쓸 수도 있습니다. 배열이나 링크드 리스트를 사용해 스택을 구현하는 코드를 작성하면 스택의 추상 데이터 타입에서 실제 자료구조로 스택을 구현한 것입니다.

스택을 사용해야 할 때

스택에서 요소의 푸시와 팝은 0(1)을 따릅니다. 스택은 데이터를 추가하거나 제거할 때는 효율적이지만, 스택의 전체에 접근해야 하는 동작에는 효율적이지 않습니다. [표 10-1]을 봅시다. 스택의 각 요소를 출력한다고 하면, 먼저 스택에서 요소를 꺼내는 동시에 출력하는 방법을 생각할 수 있습니다. 스택의 각 요소를 출력하는 이 방법은 0(n)을 따릅니다. 하지만 이 방법은 스택과 순서가 반대인 리스트를 만들고, 모든 요소를 꺼낸 스택은 빈 상태가 됩니다.

또 다른 방법으로는 원래 스택에서 요소를 꺼냄과 동시에 임시 스택에 넣는 방법입니다. 그 다음 임시 스택에서 요소를 꺼내 원래 스택으로 되돌리는 동시에 출력할 수 있습니다. 하지만 이 방법은 데이터 전체를 임시 스택에 저장해야 하므로 더 많은 메모리를 차지합니다. 또한 이 방법은 $O(2n)$을 따르며, 배열에서 요소를 출력하는 시간의 두 배가 필요합니다.

자료구조	시간 복잡도							
	평균				최악			
	접근	탐색	삽입	삭제	접근	탐색	삽입	삭제
배열	$O(1)$	$O(n)$	$O(n)$	$O(n)$	$O(1)$	$O(n)$	$O(n)$	$O(n)$
스택	$O(n)$	$O(n)$	$O(1)$	$O(1)$	$O(n)$	$O(n)$	$O(1)$	$O(1)$
큐	$O(n)$	$O(n)$	$O(1)$	$O(1)$	$O(n)$	$O(n)$	$O(1)$	$O(1)$
링크드 리스트	$O(n)$	$O(n)$	$O(1)$	$O(1)$	$O(n)$	$O(n)$	$O(1)$	$O(1)$
해시 테이블	N/A	$O(1)$	$O(1)$	$O(1)$	N/A	$O(n)$	$O(n)$	$O(n)$
이진 탐색 트리	$O(\log n)$	$O(\log n)$	$O(\log n)$	$O(\log n)$	$O(n)$	$O(n)$	$O(n)$	$O(n)$

표 10-1 | 스택의 실행 시간

스택은 컴퓨터에서 가장 자주 사용되는 자료구조 중 하나입니다. 스택을 사용해 너비 우선 탐색 알고리즘을 만들고, 이를 통해 트리와 그래프에서 데이터를 탐색할 수 있습니다. 파이썬이나 자바 같은 언어에서는 내부 스택을 사용해 함수의 호출을 처리합니다. 컴파일러에서는 특히 괄호 쌍으로 중첩된 표현식을 분석할 때 스택을 사용합니다. 또한 머신 러닝을 비롯한 여러 인공지능 분야에서 백트래킹 알고리즘을 구현하기 위해 스택을 사용하기도 합니다. 스택에서는 요소를 추가하고 제거하는 작업이 $O(1)$을 따르기 때문에 자주 데이터를 추가하고 제거해야 하는 경우에 이상적입니다. 예를 들어, '실행 취소' 나 '다시 실행' 기능을 제공하는 프로그램에서는 스택을 사용해 기능을 구현합니다. 웹 브라우저는 두 개의 스택을 사용해 검색 기록에 있는 페이지를 앞뒤로 이동하는 기능을 제공합니다. 하지만 스택의 전체 요소에 접근하는 동작은 $O(n)$을 따르므로 모든 데이터에 지속적으로 접근해야 하는 알고리즘에는 좋은 선택이 될 수 없습니다.

스택 만들기

지금까지 배운 것처럼 파이썬에서는 여러 가지 방법으로 스택을 만듭니다. 그중 한 가지 방법은 Stack 클래스를 만들고, 배열을 사용해 내부적으로 데이터를 관리하는 것입니다.

```python
class Stack:
    def __init__(self):
        self.items = []

    def push(self, data):
        self.items.append(data)

    def pop(self):
        return self.items.pop()

    def size(self):
        return len(self.items)

    def is_empty(self):
        return len(self.items) == 0

    def peek(self):
        return self.items[-1]
```

Stack 클래스의 __init__ 메서드에서 인스턴스 변수 items를 정의하고, 비어 있는 리스트로 초기화합니다. 이 리스트가 스택의 요소를 관리합니다.

```python
class Stack:
    def __init__(self):
        self.items = []
```

다음에는 push 메서드를 정의합니다. 파이썬에 내장된 append 메서드를 사용해 items의 마지막에 새로운 데이터를 추가할 수 있습니다.

```python
def push(self, data):
    self.items.append(data)
```

다음 메서드는 pop입니다. 파이썬의 내장 메서드 pop을 사용해 가장 최근에 추가된 요소를 반환합니다.

```python
def pop(self):
    return self.items.pop()
```

그 다음 size 메서드는 내장 함수 len을 사용해 스택의 길이를 반환하고,

```python
def size(self):
    return len(self.items)
```

is_empty 메서드는 스택이 비어 있는지를 확인합니다.

```python
def is_empty(self):
    return len(self.items) == 0
```

마지막으로 peek 메서드는 스택의 마지막, 가장 최근에 추가된 요소를 반환합니다.

```python
def peek(self):
    return self.items[-1]
```

링크드 리스트를 사용해 Stack 클래스를 만들 수도 있습니다. 다음은 링크드 리스트를 활용해 푸시와 팝 동작만 수행하는 간단한 스택을 만드는 코드입니다.

```
class Node:
    def __init__(self, data):
        self.data = data
        self.next = None


class Stack:
    def __init__(self):
        self.head = None

    def push(self, data):
        node = Node(data)
        if self.head is None:
            self.head = node
        else:
            node.next = self.head
            self.head = node

    def pop(self):
        if self.head is None:
            raise IndexError('pop from empty stack')
        poppednode = self.head
        self.head = self.head.next
        return poppednode.data
```

먼저 스택 내부의 링크드 리스트에 있는 노드를 나타내는 클래스를 정의합니다.

```
class Node:
    def __init__(self, data):
        self.data = data
        self.next = None
```

Stack 클래스에서는 가장 먼저 헤드로 사용할 인스턴스 변수를 정의합니다.

```
class Stack:
    def __init__(self):
        self.head = None
```

다음은 새 노드를 만드는 **push** 메서드입니다. 링크드 리스트에 헤드가 없다면 새 노드를 헤드로 만들고, 헤드가 있다면 새 노드의 다음 요소에 기존 헤드의 값을 할당해 새 노드를 헤드로 만듭니다.

```
def push(self, data):
    node = Node(data)
    if self.head is None:
        self.head = node
    else:
        node.next = self.head
        self.head = node
```

그리고 **pop** 메서드를 정의합니다.

```
def pop(self):
    if self.head is None:
        raise IndexError('pop from empty stack')
    poppednode = self.head
    self.head = self.head.next
    return poppednode.data
```

스택이 비어 있을 때 팝을 시도하면 예외를 일으킵니다.

```
if self.head is None:
    raise IndexError('pop from empty stack')
```

스택에 요소가 있을 때는 링크드 리스트의 첫 번째 요소를 제거하고, 이를 반환합니다.

```
poppednode = self.head
self.head = self.head.next
return poppednode.data
```

다음은 이 코드를 사용해 스택을 만들고, 요소를 추가하거나 제거하는 예제입니다.

```
stack = Stack()
stack.push(1)
stack.push(2)
stack.push(3)

for i in range(3):
    print(stack.pop())
```

실행 결과

```
3
2
1
```

파이썬 리스트를 사용해 스택을 만들 수도 있습니다. 다음 코드를 살펴봅시다.

```
stack = []
print(stack)
stack.append('Kanye West')
print(stack)
stack.append('Jay- Z')
print(stack)
stack.append('Chance the Rapper')
print(stack)
stack.pop()
print(stack)
```

```
[]
['Kanye West']
['Kanye West', 'Jay-Z']
['Kanye West', 'Jay-Z', 'Chance the Rapper']
['Kanye West', 'Jay-Z']
```

파이썬 리스트에는 append와 pop 메서드가 있습니다. append 메서드는 리스트의 마지막에 요소를 추가하므로 스택의 푸시와 같습니다. pop 메서드는 리스트에서 요소를 제거하며, 제거할 요소를 지정하지 않으면 마지막 요소를 제거합니다.

처음 스택을 출력하면 아무 것도 추가하지 않은 상태이므로 비어 있는 리스트가 출력됩니다.

```
[]
```

다음 코드는 'Kanye West', 'Jay- Z', 'Chance the Rapper' 요소를 스택에 추가합니다.

```
stack.append('Kanye West')
stack.append('Jay- Z')
stack.append('Chance the Rapper')
```

그리고 스택의 마지막 요소인 'Chance the Rapper'를 꺼내므로 첫 번째와 두 번째 요소만 남습니다.

```
stack.pop()
```

따라서 마지막으로 스택을 출력하면 'Chance the Rapper'는 출력되지 않습니다.

```
['Kanye West', 'Jay- Z']
```

물론 파이썬 리스트를 사용해 스택을 만들면 추가한 순서대로만 꺼낼 수 있다고 제한하지 않으므로, 이를 강제하기 위해서는 Stack 클래스를 만들어야 합니다.

스택을 사용해 문자열 뒤집기

문자열을 세 가지 방법으로 뒤집으라는 문제도 종종 기술 면접에 등장합니다. 파이썬이 익숙하다면 다음 방법을 잘 알고 있을 것입니다.

```
a_string[::- 1]
```

또는 다음과 같이 작성할 수 있습니다.

```
''.join(reversed('a string'))
```

하지만 세 번째 방법까지 떠올리기는 어려울 수 있습니다. 스택을 사용하면 마지막에 추가한 요소를 가장 먼저 꺼낼 수 있으므로 문자열을 쉽게 뒤집을 수 있습니다.

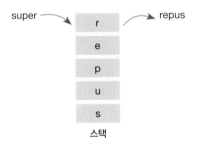

그림 10-2 | 스택의 문자열 뒤집기

다음은 스택을 사용해 문자열을 뒤집는 코드입니다.

```
def reverse_string(a_string):
    stack = []
```

```
        string = ""
        for c in a_string:
            stack.append(c)
        for c in a_string:
            string += stack.pop()
        return string

    print(reverse_string("Bieber"))
```

```
    "rebeiB"
```

reverse_string 함수는 문자열을 매개변수로 받습니다.

```
    def reverse_string(a_string):
```

함수에서는 for 루프를 사용해 각 문자를 스택에 추가합니다.

```
    for c in a_string:
        stack.append(c)
```

그리고 또 다른 루프를 사용해 스택의 각 요소를 꺼내고, a_string 변수에 추가합니다.

```
    for c in a_string:
        string += stack.pop()
```

마지막으로 뒤집힌 문자열을 반환합니다.

```
    return string
```

최소 스택

푸시와 팝과 같은 스택 동작으로 가장 작은 요소를 반환하는 메서드를 가진 자료구조를 설계하라는 문제도 살펴보겠습니다. 모든 스택의 동작은 O(1)을 따라야 합니다. 이 문제를 해결하는 핵심은 두 개의 스택, 즉 메인 스택과 최소 스택을 사용하는 것입니다. 메인 스택은 푸시와 팝 동작을 지원하고, 최소 스택은 스택에서 가장 작은 요소만 추적합니다. 이 문제를 해결하는 방법은 기술 면접뿐만 아니라 일상적인 프로그래밍에서 마주칠 다양한 상황에서도 유용합니다.

다음은 파이썬에서 가장 작은 요소를 추적하는 스택을 구현하는 예제입니다.

```python
class MinStack():
    def __init__(self):
        self.main = []
        self.min = []

    def push(self, n):
        if len(self.main) == 0:
            self.min.append(n)
        elif n <= self.min[-1]:
            self.min.append(n)
        else:
            self.min.append(self.min[-1])
        self.main.append(n)

    def pop(self):
        self.min.pop()
        return self.main.pop()

    def get_min(self):
        return self.min[-1]
```

먼저 MinStack 클래스를 정의합니다. __init__ 안에서는 main과 min, 두 인스턴스 변수를 정의하고, 두 변수에 빈 리스트를 할당합니다. main 변수는 메인 스택에 사용하고, min 변수는 가장 작은 요소를 추적하는 데 사용합니다.

```python
class MinStack():
    def __init__(self):
        self.main = []
        self.min = []
```

그 다음에는 push 메서드를 정의합니다. push 메서드에서는 먼저 self.main이 비어 있는지부터 확인합니다. self.main이 비어 있다면 n은 어떤 값이든 가장 작은 숫자가 되기 때문입니다. self.main이 비어 있으면 min에 n을 추가합니다.

```python
def push(self, n):
    if len(self.main) == 0:
        self.min.append(n)
```

self.main이 비어 있지 않으면 n이 self.min의 마지막 요소보다 작거나 같은지를 확인합니다. self.min의 마지막 요소는 항상 스택에서 가장 작은 숫자여야 하므로 n이 self.min의 마지막 요소보다 작거나 같으면 self.min에 n을 추가합니다.

```python
elif n <= self.min[-1]:
    self.min.append(n)
```

반대로 n이 self.min의 마지막 요소보다 크면 self.min의 마지막 요소를 다시 self.min에 추가합니다.

```python
else:
    self.min.append(self.min[-1])
```

이렇게 하면 self.min의 요소 수가 self.main과 동일하게 유지되므로 스택에서 가장 작은 요소를 추적할 수 있습니다. 예를 들어 보겠습니다. 스택에 처음으로 숫자를 추가하면 두 개의 내부 스택은 다음과 같이 바뀝니다.

```
min_stack = MinStack()
min_stack.push(10)
print(min_stack.main)
print(min_stack.min)
```

실행 결과
```
[10]
[10]
```

지금 스택에 있는 숫자보다 큰 숫자를 더 추가하면 어떻게 바뀔까요?

```
min_stack.push(15)
print(min_stack.main)
print(min_stack.min)
```

실행 결과
```
[10, 15]
[10, 10]
```

min_stack.main은 요소를 추가한 순서대로 저장하는 일반적인 스택입니다.

실행 결과
```
[10, 15]
```

반면에 min_stack.min은 스택에 추가된 순서를 유지하지 않고 가장 작은 숫자만 추적합니다. 여기서는 10이 두 개입니다.

```
[10, 10]
```

15는 스택에서 가장 작은 요소가 될 수 없으므로 **min_stack.min**에 저장되지 않습니다. **get_min**을 호출하면 스택에서 가장 작은 숫자인 **self.min**의 마지막 요소를 반환합니다.

```
print(min_stack.get_min())
```

```
10
```

여기서는 10을 반환했습니다. 내부 스택은 요소를 꺼내고 다음과 같이 바뀝니다.

```
min_stack.pop()
print(min_stack.main)
print(min_stack.min)
```

```
[10]
[10]
```

get_min을 두 번째로 호출하면 다시 한 번 10을 반환합니다.

```
print(min_stack.get_min())
```

```
10
```

마지막으로 한 번 더 호출하면 내부 스택이 둘 다 비워지게 됩니다.

```
    min_stack.pop()
    print(min_stack.main)
    print(min_stack.min)
```

```
[]
[]
```

self.min은 15를 저장하지 않고, 스택에서 가장 작은 숫자만 추적했습니다.

스택과 괄호

한 번은 어떤 스타트업의 면접에서 다음과 같은 문제를 받았습니다. "문자열에 들어 있는 괄호의 짝이 맞는지 확인해 보세요. 다시 말해, 여는 괄호가 있으면 닫는 괄호도 있어야 합니다."

```
(str(1))     #짝이 맞음
print(Hi!)) #짝이 맞지 않음
```

안타깝게도 제가 낸 답은 좋은 평가를 받지 못했습니다. 누군가는 카운터 두 개를 사용해 하나는 여는 괄호를 세고, 다른 하나는 닫는 괄호를 세서 문제를 빨리 풀 수 있다고 생각했을 수도 있습니다. 문자열의 끝에 도달했을 때 두 카운터의 값이 같다면 괄호의 짝이 맞는 것이니까요. 하지만 다음과 같은 문자열에서도 그런 방법이 통할까요?

```
a_string = ")( )("
```

이런 문자열에는 카운터를 사용하는 방법이 적합하지 않습니다. 스택을 사용하면 문제를 더 잘 풀 수 있습니다. 먼저 문자열의 각 문자를 순회하면서 여는 괄호를 만나면 스택에 추가하고, 닫는 괄호를 만나면 스택에 여는 괄호가 있는지 확인합니다. 스택에 여는 괄호가 없다면 이 문자열은 괄호의 짝이 맞지 않는 것입니다. 여는 괄호가 있다면 스택에서 여는 괄호를 꺼냅니다. 문자열에 열고 닫는 괄호의 숫자가 똑같다면 루프를 마쳤을 때 스택은 텅 비어 있게 됩니다. 스택이 비어 있지 않다면 열고 닫는 괄호의 짝이 맞지 않는다는 것입니다.

코드로 확인해 봅시다.

```python
def check_parentheses(a_string):
    stack = []
    for c in a_string:
        if c == "(":
            stack.append(c)
        if c == ")":
            if len(stack) == 0:
                return False
            else:
                stack.pop()
    return len(stack) == 0
```

check_parentheses 함수는 괄호의 짝이 맞는지 확인할 문자열을 매개변수로 받습니다.

```python
def check_parentheses(a_string):
```

함수에서는 리스트를 사용해 스택을 만듭니다.

```python
stack = []
```

그리고 for 루프로 a_string의 각 문자를 순회합니다.

```python
for c in a_string:
```

문자가 여는 괄호이면 스택에 푸시합니다.

```
if c == "(":
    stack.append(c)
```

문자가 닫는 괄호이고, 스택이 비어 있다면 짝을 이루는 여는 괄호가 없다는 뜻이므로 False
를 반환합니다. 스택에 여는 괄호가 있다면 닫는 괄호와 짝이 맞도록 여는 괄호를 꺼냅니다.

```
if c == ")":
    if len(stack) == 0:
        return False
    else:
        stack.pop()
```

for 루프가 종료되면 스택의 길이가 0인지를 판단해 반환합니다.

```
return len(stack) == 0
```

함수가 True를 반환하면 문자열의 괄호가 짝이 맞는다는 것입니다. 이 문제를 해결하는 방법
이 기술 면접에서만 유용한 것은 아닙니다. 파이썬이나 자바와 같은 언어의 컴파일러는 이와
비슷한 코드를 활용해 표현식을 분석하고 평가합니다. 프로그래밍 언어를 직접 작성할 일이
없다고 하더라도 여는 기호와 닫는 기호가 있는 데이터를 분석하는 코드를 작성할 때 활용할
수 있습니다.

용어 복습

- **스택** | 가장 최근에 추가한 요소만 제거할 수 있는 선형 자료구조. 또는 그런 자료구조를 정의하는 추상 데이터 타입
- **후입 선출 자료구조** | 마지막으로 추가한 요소부터 꺼낼 수 있는 자료구조
- **접근이 제한된 자료구조** | 특정 순서에 따라서만 데이터에 접근할 수 있는 자료구조
- **푸시** | 스택에 요소를 추가하는 동작
- **팝** | 스택의 마지막 요소를 제거하는 동작
- **픽** | 스택의 마지막 요소를 제거하지 않고 접근만 하는 동작
- **제한된 스택** | 추가할 수 있는 요소의 수에 제한이 있는 스택
- **무제한 스택** | 제한 없이 요소를 추가할 수 있는 스택

연습문제

1. 괄호의 짝이 맞는지 확인하는 프로그램을 확장해 중괄호 {}의 짝도 확인할 수 있는 프로그램을 만들어 보세요.
2. O(1)의 상수 시간으로 푸시와 팝, 스택의 가장 큰 요소를 추적할 수 있는 최대 스택을 설계해 보세요.

CHAPTER 11 | 큐

> 학생이라면 누구나 프로그램을 배울 기회가 있어야 합니다. 컴퓨터 과학은 이제 창의성과 표현력의 기준이 됐습니다. 미래의 개발자들은 의학계에도 혁명을 불러일으킬 것입니다.
>
> — 앤 워치츠키 Anne Wojcicki

큐Queue는 다음 그림과 같이 뒤에서부터 요소를 추가하고 앞에서부터 요소를 꺼내는 선형 자료구조이며, 이를 정의하는 추상 데이터 타입이기도 합니다. 큐는 식료품 가게에서 계산하기 위해 줄을 선 사람들과 비슷한 자료구조를 정의합니다. 맨 앞에 있는 사람이 가장 먼저 계산하고, 새로 온 사람은 맨 뒤에 서게 됩니다.

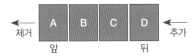

그림 11-1 | 큐

큐는 대표적인 **선입 선출 자료구조**(FIFO)First-In, First-Out Data Structure입니다. 선입 선출 자료구조는 이름에서 짐작할 수 있듯 가장 먼저 추가한 요소부터 제거하는 자료구조를 말합니다. 큐는 스택과 마찬가지로 접근이 제한된 자료구조입니다.

큐에는 인큐와 디큐라는 두 가지 기본 동작이 있습니다. **인큐**Enqueueing는 요소를 큐에 추가하는 것을 의미하고, **디큐**Dequeueing는 요소를 큐에서 제거하는 것을 의미합니다. 인큐는 큐의 뒷부분에서 요소를 추가하고, 디큐는 큐의 앞부분에서 요소를 제거합니다.

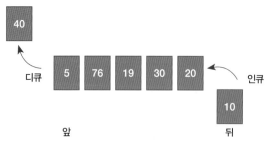

그림 11-2 | 인큐와 디큐

추상 데이터 타입인 큐를 자료구조로 구현하는 방법은 다양합니다. 스택과 마찬가지로 배열이나 링크드 리스트를 사용해 큐 자료구조를 만들 수 있습니다. 스택과 마찬가지로 저장할 수 있는 요소에 제한이 있을 수도 있고, 없을 수도 있습니다. **제한적 큐**^{Bounded Queue}는 추가할 수 있는 요소의 수에 제한이 있는 큐이고, **무제한 큐**^{Unbounded Queue}는 추가할 수 있는 요소의 수에 제한이 없는 큐입니다. 제한적 큐는 배열을 사용해 만들고, 무제한 큐는 링크드 리스트를 사용해 만듭니다. 큐에 저장하는 요소의 개수를 추적하면 링크드 리스트로도 제한적 큐를 만들 수 있습니다.

큐를 사용해야 할 때

큐도 스택과 마찬가지로 데이터를 효율적으로 추가하거나 제거할 수 있습니다. 인큐와 디큐는 모두 큐의 크기에 관계없이 O(1)을 따릅니다. 또한 특정 요소를 찾기 위해 요소 전체를 순회해야 하므로 탐색이 비효율적인 것 역시 스택과 비슷합니다. 큐에 있는 요소에 접근하고 탐색하는 작업은 모두 O(n)을 따릅니다.

자료구조	시간 복잡도							
	평균				최악			
	접근	탐색	삽입	삭제	접근	탐색	삽입	삭제
배열	O(1)	O(n)	O(n)	O(n)	O(1)	O(n)	O(n)	O(n)
스택	O(n)	O(n)	O(1)	O(1)	O(n)	O(n)	O(1)	O(1)
큐	O(n)	O(n)	O(1)	O(1)	O(n)	O(n)	O(1)	O(1)
링크드 리스트	O(n)	O(n)	O(1)	O(1)	O(n)	O(n)	O(1)	O(1)
해시 테이블	N/A	O(1)	O(1)	O(1)	N/A	O(n)	O(n)	O(n)
이진 탐색 트리	O(log n)	O(log n)	O(log n)	O(log n)	O(n)	O(n)	O(n)	O(n)

표 11-1 | 큐의 실행 시간

큐는 프로그래밍에 유용합니다. 큐는 순서대로 입출력하는 상황에 이상적인 자료구조입니다. 예를 들어, 고객센터의 자동 전화 연결 프로그램을 작성할 때 먼저 전화가 걸려온 순서대로 상담원과 연결하는 부분에 큐를 사용하면 쉽게 프로그래밍할 수 있습니다. 운영 체제에서는 하드디스크에 데이터를 쓰거나, 오디오와 비디오를 스트리밍하고, 네트워크 패킷을 송수신하는 요청을 처리하기 위해 큐를 사용합니다. 반면 웹 서버는 들어오는 요청을 처리하기 위해 큐를 사용합니다.

'버퍼링 중'이라는 메시지가 표시되면 사용 중인 시스템이 큐에 넣을 데이터의 도착을 기다리고 있는 경우가 대부분일 것입니다. 오디오와 비디오 스트리밍 시스템에서는 원활한 스트리밍을 위해 수신 데이터를 큐(대기열)에 저장하곤 합니다. 예를 들어 넷플릭스에서 영화를 본다고 합시다. TV에 설치된 소프트웨어는 영화를 시작하기 전에 넷플릭스에서 보내는 비디오 데이터를 큐에 담기 위해 잠시 대기할 것입니다. TV 소프트웨어가 방영을 시작한 뒤에도 데이터는 계속 들어오고, 시스템은 큐에 데이터를 추가합니다. 비디오 플레이어 소프트웨어는 데이터 패킷을 일정한 속도로 가져올 수 있으므로 설령 들어오는 데이터의 속도가 들쑥날쑥하더라도 영화를 안정적으로 플레이할 수 있습니다. 데이터가 시청에 필요한 속도보다 빠르게 들어오면 시스템은 그 패킷을 큐에 저장했다가 플레이합니다. 데이터가 시청에 필요한 속도보다 느리게 들어오더라도 시스템은 큐에 저장된 패킷이 고갈될 때까지는 영화를 안정적으로 플레이할 수 있습니다. 버퍼링이라는 메시지가 표시된다면 큐에 있는 데이터가 부족하다는 뜻이고, 큐가 다시 채워지기 전까지는 스트리밍이 재개되지 않습니다.

이런 프로그램을 어떻게 만들지 한 번 상상해 봅시다. 이 프로그램에는 아마 영화가 끝날 때까지 계속 실행되는 루프가 있을 것입니다. 루프에는 알고리즘이 있고, 알고리즘은 큐에 데이터를 추가하고 또 꺼내서 사용자에게 비디오 형태로 표시합니다. 이런 알고리즘과 적절한 자료구조(큐)만 있으면 TV나 컴퓨터에서 영화를 스트리밍하는 프로그램이 되는 것입니다. 이는 니클라우스 비르트가 말한 '알고리즘 + 자료구조 = 프로그램'이라는 공식이 성립하는 이유를 잘 설명해 줍니다.

큐 만들기

파이썬으로 큐를 구현하는 방법도 다양합니다. 그중 하나는 내부 링크드 리스트를 사용해 Queue 클래스를 만드는 것입니다. 다음은 링크드 리스트를 사용해 큐를 만드는 코드입니다.

```python
class Node:
    def __init__(self, data, next=None):
        self.data = data
        self.next = next

class Queue:
    def __init__(self):
        self.front = None
        self.rear = None
        self._size = 0

    def enqueue(self, item):
        self._size += 1
        node = Node(item)
        if self.rear is None:
```

```
            self.front = node
            self.rear = node
        else:
            self.rear.next = node
            self.rear = node

    def dequeue(self):
        if self.front is None:
            raise IndexError('pop from empty queue')
        self._size - = 1
        temp = self.front
        self.front = self.front.next
        if self.front is None:
            self.rear = None
        return temp.data

    def size(self):
        return self._size
```

먼저 큐 내부의 링크드 리스트에서 사용할 노드를 나타내는 **Node** 클래스를 정의합니다.

```
class Node:
    def __init__(self, data, next=None):
        self.data = data
        self.next = next
```

큐에서는 변수 self.front와 self.rear에 각각 앞과 뒤의 요소를 저장합니다. 이렇게 큐의 앞과 뒤를 저장해 두면 인큐와 디큐를 상수 시간으로 실행할 수 있습니다. 변수 self._size 는 큐 크기를 저장할 변수입니다.

```
    def __init__(self):
        self.front = None
```

```
        self.rear = None
        self._size = 0
```

그 다음에는 큐의 맨 뒤에 요소를 추가하는 enqueue 메서드를 정의합니다.

```
    def enqueue(self, item):
        self._size += 1
        node = Node(item)
        if self.rear is None:
            self.front = node
            self.rear = node
        else:
            self.rear.next = node
            self.rear = node
```

이 메서드는 큐에 저장할 데이터를 매개변수로 받습니다.

```
    def enqueue(self, item):
```

큐에 새로운 요소를 추가하는 메서드이므로 enqueue에서는 먼저 self._size에 1을 더합니다. 그리고 큐 내부의 링크드 리스트에 새 노드를 만들어 요소를 저장합니다.

```
    self._size += 1
    node = Node(item)
```

self.rear가 None이라면 큐가 비어 있다는 뜻이므로 self.front와 self.rear 두 변수에 지금 만든 노드를 할당합니다. 지금은 큐에 요소가 하나뿐이므로, 이 요소는 큐의 맨 뒤인 동시에 맨 앞입니다. self.rear가 None이 아니라면 self.rear.next에 새 노드를 할당해 큐 내부의 링크드 리스트에 추가합니다. 그리고 self.rear에도 이 노드를 할당해 큐의 맨 뒤에 위치하도록 합니다.

```
    if self.rear is None:
        self.front = node
        self.rear = node
    else:
        self.rear.next = node
        self.rear = node
```

다음은 큐의 맨 앞에서 요소를 꺼내는 dequeue 메서드입니다.

```
def dequeue(self):
    if self.front is None:
        raise IndexError('pop from empty queue')
    self._size -= 1
    temp = self.front
    self.front = self.front.next
    if self.front is None:
        self.rear = None
    return temp.data
```

첫 번째 행은 큐가 비어 있을 때 디큐를 시도하면 예외를 일으키는 코드입니다.

```
if self.front is None:
    raise IndexError('pop from empty queue')
```

dequeue를 호출하면 큐의 맨 앞에서 요소를 꺼내 반환합니다. 이렇게 하면 큐의 맨 앞에 있는 노드인 self.front를 임시 변수 temp에 저장해 나중에 내부의 링크드 리스트에서 노드를 제거한 뒤에도 참조할 수 있습니다.

```
temp = self.front
```

그 다음에는 self.front.next에 self.front를 할당해 큐 내부의 링크드 리스트에서 큐의 맨 앞에 있는 요소를 꺼냅니다.

```
self.front = self.front.next
```

큐 맨 앞의 요소를 제거한 후 큐에 남아 있는 요소가 없다면 **self.rear**에 None을 할당합니다.

```
if self.front is None:
    self.rear = None
```

마지막 메서드는 큐에 들어 있는 요소의 수를 반환하는 size 메서드입니다.

```
def size(self):
    return self._size
```

링크드 리스트를 사용해 데이터를 추가하거나 제거하고, 크기를 확인할 수 있는 간단한 큐를 만들었습니다. 이 큐는 다음과 같이 사용합니다.

```
queue = Queue()
queue.enqueue(1)
queue.enqueue(2)
queue.enqueue(3)
print(queue.size())
for i in range(3):
    print(queue.dequeue())
```

실행 결과
```
3
1
2
3
```

이 예제에서는 큐를 만들고 숫자 1, 2, 3을 추가한 다음, 큐의 크기를 출력한 데 이어서 큐의 전체 요소를 출력했습니다.

이 프로그램을 실행할 때 큐 클래스 안에서는 무슨 일이 일어나는지 자세히 살펴봅시다. enqueue를 처음 호출하면 큐에 요소가 없으므로 내부의 링크드 리스트에 노드를 추가합니다. 다음 그림과 같이 이 노드는 큐의 맨 앞인 동시에 맨 뒤입니다.

그림 11-3 | 요소가 하나뿐인 큐

다음에는 큐에 2를 추가합니다. 이제 큐 내부의 링크드 리스트에는 두 개의 노드가 있고, 1을 저장한 노드는 더 이상 맨 뒤에 있는 요소가 아닙니다. 이제 2를 저장한 노드가 맨 뒤에 있는 요소입니다.

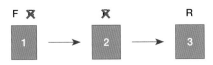

그림 11-4 | 첫 번째 인큐

마지막으로 큐에 3을 추가합니다. 이제 큐 내부의 링크드 리스트에는 세 개의 노드가 있고, 2를 저장한 노드는 더 이상 맨 뒤에 있는 요소가 아닙니다. 이제 3을 저장한 노드가 맨 뒤에 있는 요소입니다.

그림 11-5 | 두 번째 인큐

dequeue를 처음 호출하면 큐에서 1을 저장한 노드를 제거합니다. 이제 2를 저장한 노드가 큐의 맨 앞에 있습니다.

그림 11-6 | 첫 번째 디큐

두 번째로 dequeue를 호출하면 큐에서 2를 저장한 노드를 제거합니다. 이제 3을 저장한 노드가 큐의 맨 앞인 동시에 맨 뒤입니다.

그림 11-7 | 두 번째 디큐

이제 세 번째로 dequeue를 호출하면 큐에서 3을 저장한 노드를 제거하므로 큐는 비어 있게 되고 self.front와 self.rear는 모두 None을 가리키게 됩니다.

그림 11-8 | 인큐와 디큐의 결과

파이썬에 내장된 큐 클래스

파이썬에는 큐를 만들 수 있는 내장 클래스가 있습니다. 코드로 살펴보겠습니다.

```
from queue import Queue

q = Queue()
q.put('a')
q.put('b')
q.put('c')
print(q.qsize())
for i in range(3):
    print(q.get())
```

먼저 queue 모듈에서 Queue를 가져옵니다.

```
from queue import Queue
```

그리고 Queue를 호출해 큐를 만듭니다.

```
q = Queue()
```

내장 메서드 put을 사용해 세 개의 문자열을 큐에 추가합니다.

```
q.put('a')
q.put('b')
q.put('c')
```

그리고 qsize 메서드를 사용해 큐의 크기를 확인합니다.

```
print(q.qsize())
```

마지막으로 for 루프를 사용해 큐의 모든 요소를 꺼내 출력합니다.

```
for i in range(3):
    print(q.get())
```

두 개의 스택을 사용해 큐 만들기

두 개의 스택을 사용해 큐를 만드는 문제는 일반적인 기술 면접 문제입니다. 이 문제는 다음과 같이 풀 수 있습니다.

```python
class Queue:
    def __init__(self):
        self.s1 = []
        self.s2 = []

    def enqueue(self, item):
        while len(self.s1) != 0:
            self.s2.append(self.s1.pop())
        self.s1.append(item)
        while len(self.s2) != 0:
            self.s1.append(self.s2.pop())

    def dequeue(self):
        if len(self.s1) == 0:
            raise Exception("Cannot pop from empty queue")
        return self.s1.pop()
```

먼저 두 개의 내부 스택 self.s1과 self.s2가 있는 Queue 클래스를 정의합니다.

```python
class Queue:
    def __init__(self):
        self.s1 = []
        self.s2 = []
```

다음에는 큐에 새로운 요소를 추가하는 enqueue 메서드를 정의합니다.

```python
def enqueue(self, item):
    while len(self.s1) != 0:
```

```
        self.s2.append(self.s1.pop())
    self.s1.append(item)
    while len(self.s2) != 0:
        self.s1.append(self.s2.pop())
```

큐에 새로운 요소를 추가할 때는 첫 번째 스택의 맨 뒤에 추가해야 합니다. 스택은 맨 앞에만 요소를 추가할 수 있으므로, 첫 번째 스택의 맨 뒤에 요소를 추가하려면 먼저 모든 요소를 꺼내고 새로운 요소를 추가한 다음 꺼냈던 요소를 다시 추가해야 합니다.

여기서는 첫 번째 스택에서 모든 요소를 꺼내 두 번째 스택에 넣고, 비어 있는 첫 번째 스택에 새로운 요소를 추가한 다음 두 번째 스택에 넣었던 요소를 다시 추가했습니다. 작업이 끝나면 첫 번째 스택에는 원래 있었던 요소가 그대로 있고, 그 뒤에 새로운 요소가 추가됩니다.

```
while len(self.s1) != 0:
    self.s2.append(self.s1.pop())
self.s1.append(item)
while len(self.s2) != 0:
    self.s1.append(self.s2.pop())
```

enqueue 메서드를 정의했으니 이제 큐에서 요소를 제거하는 dequeue 메서드를 정의해 보겠습니다.

```
def dequeue(self):
    if len(self.s1) == 0:
        raise Exception("Cannot pop from empty queue")
    return self.s1.pop()
```

먼저 **self.s1**이 비어 있는지 확인합니다. 비어 있다면 비어 있는 큐에서 요소를 꺼내려고 하는 것이므로 예외를 일으킵니다.

```
    if len(self.s1) == 0:
        raise Exception("Cannot pop from empty queue")
```

그렇지 않으면 첫 번째 스택의 맨 앞에 있는 요소를 꺼내 반환합니다.

```
    return self.s1.pop()
```

이렇게 큐를 구현하면 인큐 동작은 스택의 요소 전체를 순회해야 하므로 O(n)을 따르는 반면, 디큐 동작은 내부 스택의 마지막 요소만 꺼내면 되므로 O(1)을 따릅니다.

용어 복습

- **큐** | 뒤에서부터 요소를 추가하고 앞에서부터 요소를 꺼내는 선형 자료구조
- **선입 선출 자료구조** | 처음 넣은 요소를 가장 먼저 꺼내는 자료구조
- **인큐** | 큐에 요소를 추가하는 동작
- **디큐** | 큐에서 요소를 꺼내는 동작
- **제한적 큐** | 추가할 수 있는 요소의 수에 제한이 있는 큐
- **무제한 큐** | 추가할 수 있는 요소의 수에 제한이 없는 큐

연습문제

1. 두 개의 스택을 사용해 큐를 구현하되, 인큐 동작이 0(1)을 따르도록 만들어 보세요.

해시 테이블

> 찰스 다윈, 스리니바사 라마누잔, 레오나르도 다 빈치, 마이클 패러데이, 그리고 나를 비롯한 수많은 독학하는 과학자와 사상가들에게 교육이란 미지를 향한 항해입니다. 우리에게 교육은 지식과 지혜를 향한 끝없는 탐구입니다.
>
> 아비짓 나스카르Abhijit Naskar

연관 배열 Associative Array은 고유한 키를 사용해 키와 값의 쌍을 저장하는 추상 데이터 타입으로, **키-값 쌍**Key-Value Pair은 키와 값을 하나로 묶은 데이터를 말합니다. **키**Key는 값을 가져올 때 사용하고, **값**Value은 키를 사용해 가져온 데이터입니다. 파이썬의 딕셔너리를 사용해 봤다면 이미 키-값 쌍도 익숙할 것입니다.

연관 배열을 구현하는 자료구조에는 여러 가지가 있지만, 여기에서는 해시 테이블을 설명하겠습니다. **해시 테이블**Hash Table은 고유한 키를 사용해 키-값 쌍을 저장하는 선형 자료구조입니다. 키는 고유해야 하므로 해시 테이블에 중복된 키는 저장할 수 없습니다. 연관 배열은 추상 데이터 타입이고, 해시 테이블은 연관 배열을 구현한 자료구조입니다. 파이썬은 해시 테이블을 사용해 딕셔너리를 구현합니다.

운영 체제는 프로그램을 실행하면 데이터를 배열 안에 있는 해시 테이블에 담습니다. 해시 테이블에 데이터를 추가하면 컴퓨터는 해시 함수를 실행해 그 데이터를 배열의 어디에 저장할지를 결정합니다. **해시 함수**Hash Function는 키를 매개변수로 받고 정수를 반환하는데, 이 정수는 컴퓨터가 값을 저장하는 배열 인덱스로 사용됩니다. 해시 함수가 반환하는 인덱스는 **해시 값**Hash Value이라고 합니다. 해시 테이블에는 어떤 데이터 타입이든 저장할 수 있지만, 키는 정수나 문자열처럼 해시 함수가 인덱스로 변환할 수 있는 타입이어야 합니다. 따라서 해시 테이블에서 값을 가져오는 동작은 대단히 효율적입니다. 성능에 대해서는 뒤에서 다시 설명하겠습니다.

파이썬 딕셔너리가 어떻게 작동하는지 간단하게 살펴봅시다. 파이썬 딕셔너리에는 키 – 값 쌍을 저장합니다. 키는 중복될 수 없지만 값은 중복될 수 있습니다. 다음 코드는 파이썬 딕셔너리에 키 – 값 쌍을 저장하는 예제입니다.

```
a_dict = {}
a_dict[1776] = 'Independence Year'
```

키 1776을 사용해 값 'Independence Year'를 찾을 수 있습니다.

```
print(a_dict[1776])
```

실행 결과

```
'Independence Year'
```

이제 이 해시 함수가 어떻게 작동하는지 살펴보겠습니다. 이 예제는 정수를 키로 사용합니다. 파이썬의 딕셔너리에서는 다음의 작업을 내부적으로 처리합니다. 일곱 개의 슬롯을 갖고 있는 해시 테이블이 있고, 이 테이블에 몇 개의 정수를 저장한다고 합시다. 단순하게 설명하기 위해 키에 대해서만 설명하고, 그 키의 값은 생각하지 않겠습니다.

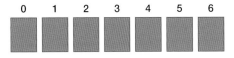

그림 12-1 | 해시 테이블

가장 먼저 저장하려는 숫자는 86입니다. 해시 테이블에 86을 저장하기 위해서는 해시 함수가 필요합니다. 간단하게 생각해 볼 수 있는 해시 함수 중 하나는 각각의 숫자를 가능한 슬롯의 수로 나누는 것입니다. 예를 들어, 86에 대한 해시 값을 얻기 위해 86 % 7을 계산합니다.
86 % 7은 2이므로 해시 테이블 데이터를 저장할 배열의 인덱스 2에 86을 저장합니다.

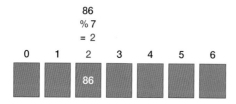

그림 12-2 | 해시 테이블의 첫 번째 요소 추가

다음으로 저장할 숫자는 90입니다. 90 % 7은 6이므로 다음과 같이 배열의 인덱스 6에 90을
저장합니다.

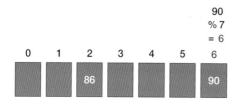

그림 12-3 | 해시 테이블의 두 번째 요소 추가

그리고 해시 테이블에 숫자 21, 29, 38, 39, 40을 추가합니다. 이 숫자들을 7로 나눈 나머지
는 다음과 같습니다.

21 % 7 = 0
29 % 7 = 1
38 % 7 = 3
39 % 7 = 4
40 % 7 = 5

이 숫자들을 해시 테이블에 추가하면 다음과 같습니다.

그림 12-4 | 해시 테이블의 반환 결과

지금까지는 아무 문제가 없었습니다. 하지만 해시 테이블에 30을 추가한다고 가정하면 30 % 7이 2이므로 또 인덱스 2에 30을 저장해야 합니다. 하지만 이 슬롯에는 이미 86이 들어 있어 문제가 생깁니다. 이렇게 두 숫자의 해시 값이 같은 경우를 **충돌**Collision이라고 부릅니다. 충돌을 해결하기 위해 비어 있는 다음 슬롯에 30을 넣을 수 있습니다. 일단 저장은 할 수 있지만 30을 찾아야 할 때 해시 함수를 사용해 위치를 찾게 될 것이고, 30 % 7 = 2 슬롯 다음에 있는 3 슬롯을 확인하고는 30이 아니라는 것을 알게 될 것입니다. 그리고 30을 찾을 때까지 '비어 있는 다음 슬롯'을 전부 확인해야 하므로 시간 복잡도가 증가합니다. 이럴 때 충돌을 해결하는 다른 방법들이 있습니다. 그중에는 각 위치마다 리스트(보통 링크드 리스트)를 사용해 충돌하는 쌍과 원래 충돌한 위치가 연결되도록 하는 방법도 있습니다. 해시 테이블을 만들 때는 충돌을 최소화하는 해시 함수를 만드는 것을 목표로 해야 합니다. 하지만 파이썬에서 프로그래밍할 때는 딕셔너리가 알아서 충돌을 처리하므로 걱정할 필요가 없습니다.

NOTE

충돌을 최소화한다? 다음 예제를 보면서 확인해 보죠.

0	1	2	3	4	5	6	...	10,000
21	29	86	38	39	40	90		
		30				6		
		23						
		2						

30을 찾으려고 할 때, 해시 값인 인덱스 2에 있는 키가 30이 아니라면 뒤에 있는 배열의 인덱스를 쭉 따라 가며 탐색하는 것보다 인덱스 2에 연결되어 있는 [86, 30, 23, 2]에서 30을 탐색하는 것이 훨씬 빠릅니다. 이것이 바로 앞에서 언급한 '리스트를 사용해 충돌하는 쌍과 원래 충돌한 위치가 연결되도록 하는 방법'입니다.

앞에서 언급했듯이 이전 예제에서는 키-값 쌍을 저장하지 않았습니다. 두 개의 배열을 사용해 하나에는 키를 저장하고, 다른 하나에는 값을 저장하면 키-값 쌍도 저장할 수 있도록 고쳐 쓸 수 있습니다. 예를 들어, self와 taught를 연결하면 해시 함수는 self를 배열의 인덱

스로 변환합니다. 그런 다음 **self**를 키 배열의 해당 인덱스에 저장하고 **taught**를 값 배열의 해당 인덱스에 저장하면 됩니다.

해시 테이블을 사용해야 할 때

해시 테이블의 데이터 탐색은 지금까지 배운(그리고 앞으로 배울) 다른 자료구조들과 다르게 평균적으로 O(1)을 따릅니다. 또한 해시 테이블의 데이터 삽입과 삭제 역시 평균적으로 O(1)을 따릅니다. 충돌이 발생하면 해시 테이블의 효율성이 떨어지며, 최악의 경우 탐색과 삽입, 삭제 작업이 O(n)을 따를 수 있습니다. 그럼에도 불구하고 해시 테이블은 거대한 데이터 세트를 저장할 때 가장 효율적인 자료구조 중 하나입니다. 해시 테이블이 이렇게 매우 효율적인 이유는 해시 함수에 데이터를 전달해 구한 인덱스가 배열에 존재하는지만 확인하면 해시 테이블에 데이터가 존재하는지를 알 수 있기 때문입니다. 이 과정은 한 단계면 충분합니다. 다음의 [표 12-1]에 해시 테이블의 실행 시간을 정리했습니다. 해시 테이블의 접근 시간이 포함되지 않은 이유는 해시 테이블의 경우 배열이나 링크드 리스트와 달리 n번째 요소에 접근하는 방법이 없기 때문입니다.

자료구조	시간 복잡도							
	평균				최악			
	접근	탐색	삽입	삭제	접근	탐색	삽입	삭제
배열	O(1)	O(n)	O(n)	O(n)	O(1)	O(n)	O(n)	O(n)
스택	O(n)	O(n)	O(1)	O(1)	O(n)	O(n)	O(1)	O(1)
큐	O(n)	O(n)	O(1)	O(1)	O(n)	O(n)	O(1)	O(1)
링크드 리스트	O(n)	O(n)	O(1)	O(1)	O(n)	O(n)	O(1)	O(1)
해시 테이블	N/A	O(1)	O(1)	O(1)	N/A	O(n)	O(n)	O(n)
이진 탐색 트리	O(log n)	O(log n)	O(log n)	O(log n)	O(n)	O(n)	O(n)	O(n)

표 12-1 | 해시 테이블의 실행 시간

앞에서 탐색 알고리즘과 데이터 정렬을 설명할 때, 이진 탐색이 선형 탐색보다 훨씬 빠르다는 것을 알게 되었습니다. 또 이진 탐색보다 더 효율적인 방법이 있다고도 했습니다. 그 방법이 바로 해시 테이블입니다. 해시 테이블의 데이터 탐색은 $O(1)$을 따르며, 이보다 더 **빠른** 방법은 존재하지 않습니다. 선형 탐색이나 이진 탐색을 하지 않고 상수 시간으로 데이터를 찾는다는 것은 거대한 데이터 세트를 처리할 때 어마어마한 차이를 만듭니다.

개발자는 해시 테이블을 자주 사용합니다. 예를 들어, 웹 개발자는 데이터 교환 형식인 **JSON**JavaScript Object Notation (자바스크립트 객체 표기법)을 자주 사용합니다. 많은 API가 JSON으로 데이터를 전송하며, JSON을 파이썬 딕셔너리로 쉽게 바꿀 수 있습니다. **API**Application Programming Interface (애플리케이션 프로그래밍 인터페이스)는 애플리케이션이 서로 통신할 수 있도록 만든 프로그램입니다. 파이썬에서는 키-값 데이터베이스를 사용할 때 항상 딕셔너리를 사용합니다. 널리 쓰이는 버전 관리 시스템인 깃Git은 암호화 해시 함수로 해시 값을 구해 여러 가지 버전으로 데이터를 저장합니다. 운영 체제도 해시 테이블을 사용해 메모리를 관리합니다. 파이썬 자체도 딕셔너리(해시 테이블)를 사용해 객체 변수의 이름과 값을 관리합니다.

대량의 데이터가 있고 개별 데이터에 빠르게 접근해야 한다면 해시 테이블을 가장 먼저 고려해야 합니다. 영어 사전을 검색하는 프로그램이나 수백만 개의 번호가 있는 전화번호부에서 전화번호를 빠르게 찾는 애플리케이션을 만든다고 합시다. 해시 테이블은 두 가지 상황에 모두 적합합니다. 일반적으로 무작위 데이터를 빠르게 검색해야 하는 경우에는 대부분 해시 테이블이 적합합니다. 그러나 데이터를 순서대로 조작하거나 접근해야 하는 경우가 많다면 배열이나 링크드 리스트가 더 좋은 선택일 수 있습니다.

문자열 속의 문자

해시 테이블은 아주 효율적이므로 문제를 해결할 때 해시 테이블을 고려하는 것이 도움되는 경우가 많습니다. 예를 들어, 면접관이 문자열에 들어 있는 문자의 수를 모두 세어 보라는 문제를 냈다고 합시다. 이 경우 파이썬 딕셔너리를 사용해 문제를 풀 수 있습니다. 각 문자를 딕셔너리 키로 저장하고, 그 문자가 나타난 횟수를 값으로 저장하면 됩니다. 코드로 살펴보겠습니다.

```
def count(a_string):
    a_dict = {}
    for char in a_string:
        if char in a_dict:
            a_dict[char] += 1
        else:
            a_dict[char] = 1
    print(a_dict)
```

count 함수는 문자의 수를 세고자 하는 문자열을 매개변수로 받습니다.

```
def count(a_string):
```

함수에서는 먼저 딕셔너리를 만듭니다.

```
a_dict = {}
```

그리고 for 루프로 문자열을 순회합니다.

```
for char in a_string:
```

문자가 이미 딕셔너리 안에 있다면 그 값에 1을 더합니다.

```
if char in a_dict:
    a_dict[char] += 1
```

아직 딕셔너리에 없는 문자라면 새로운 키로 추가하고, 값을 1로 지정합니다.

```
else:
    a_dict[char] = 1
```

마지막에 딕셔너리를 출력하면 문자열에 포함된 각 글자와 그 문자가 나타나는 횟수도 출력됩니다.

```
print(a_dict)
```

함수가 어떻게 작동하는지 조금 더 자세히 알아보겠습니다. 함수를 호출하면서 문자열 "Hello"를 전달하면 첫 번째 단계에서 대문자 H가 딕셔너리에 키로 추가되고, 그 값은 1입니다. 즉, 딕셔너리는 다음과 같이 표시됩니다.

```
{"H": 1}
```

다음 단계의 문자는 e입니다. e는 아직 딕셔너리에 없으므로 이번에도 값이 1인 키로 추가합니다. 이제 딕셔너리는 다음과 같이 표시됩니다.

```
{"H": 1, "e": 1}
```

l도 같은 과정을 반복합니다.

```
{"H": 1, "e": 1, "l": 1}
```

다음 단계에서는 다시 l을 만납니다. l은 이미 딕셔너리에 존재하는 문자이므로 그 키의 값에 1을 더합니다.

```
{"H": 1, "e": 1, "l": 2}
```

문자열의 모든 문자를 살펴볼 때까지 과정을 반복합니다. 루프가 끝나고 딕셔너리를 출력한 결과는 다음과 같습니다.

```
{'H': 1, 'e': 1, 'l': 2, 'o': 1}
```

단순히 문제를 풀기만 한 것뿐만 아니라 해시 테이블을 사용해 O(n)이라는 실행 시간 안에 효율적으로 문제를 해결했습니다. 여기서 n은 문자열에 포함된 문자의 수를 말합니다.

두 수의 합

'두 수의 합' 문제도 해시 테이블을 사용하여 해결할 수 있습니다. 이 문제는 정렬되지 않은 리스트에서 두 숫자의 합이 특정한 수가 되는 두 숫자의 인덱스를 찾는 문제입니다. 리스트에는 특정한 수가 되는 숫자의 쌍이 단 하나만 존재하며, 같은 숫자를 두 번 쓸 수 없다고 가정합니다. 예를 들어 다음과 같은 리스트에서 합이 5인 두 숫자의 인덱스를 찾아 봅시다.

```
[-1, 2, 3, 4, 7]
```

이 경우, 인덱스 위치 1과 2를 더하면 2 + 3 = 5이므로 문제의 답은 인덱스 1과 2입니다.

문제를 해결하는 방법은 여러 가지가 있는데, 그중에는 리스트를 순회하면서 더할 수 있는 모든 경우의 쌍을 더해 그 합이 5가 되는지를 확인하는 방법도 있습니다. 이런 무차별 대입 방식을 사용하는 코드는 다음과 같습니다.

```python
def two_sum_brute(the_list, target):
    index_list = []
    for i in range(0, len(the_list)):
        for j in range(i, len(the_list)):
            if the_list[i] + the_list[j] == target:
                return [the_list[i], the_list[j]]
```

이 방법은 이중으로 중첩된 루프를 사용합니다. 외부 루프는 변수 i를 사용해 리스트를 순회하고, 내부 루프는 변수 j를 써서 리스트를 순회합니다. 이런 방식으로 -1과 2, 2와 3 등 경우의 수를 모두 시도하며 더해 볼 수 있습니다. 무차별 대입 방식은 단순하지만 효율적이지는 않습니다. 이 알고리즘은 이중으로 중첩된 루프를 사용하므로 O(n**2)을 따릅니다.

딕셔너리를 사용하면 문제를 더 효율적으로 풀 수 있습니다. 다음 코드는 딕셔너리를 사용해 문제를 풉니다.

```python
def two_sum(a_list, target):
    a_dict = {}
    for index, n in enumerate(a_list):
        rem = target - n
        if rem in a_dict:
            return index, a_dict[rem]
        else:
            a_dict[n] = index
```

two_sum 함수는 숫자 리스트와 합산할 숫자를 매개변수로 받습니다.

```python
def two_sum(a_list, target):
```

함수에서는 먼저 딕셔너리를 만듭니다.

```python
a_dict = {}
```

그 다음 리스트에 enumerate를 호출해 각 숫자와 인덱스를 추적합니다.

```python
for index, n in enumerate(a_list):
```

그리고 대상 숫자에서 n을 뺍니다.

```
    rem = target - n
```

그 결과인 rem은 현재 숫자에 더해 목표 숫자를 만들 수 있는 짝입니다. 즉, 변수 rem의 값이 딕셔너리 안에 있다면 답을 찾은 것이므로 현재 인덱스와 rem의 인덱스를 반환합니다.

```
    return index, a_dict[rem]
```

변수 rem의 숫자가 딕셔너리 안에 없다면 해당 숫자를 딕셔너리에 추가합니다. 이때는 n을 키로 하고 인덱스를 값으로 저장해야 합니다.

```
    else:
        a_dict[n] = index
```

어떻게 작동하는지 알아보기 위해 다음 리스트와 목푯값 5를 예로 들어 보겠습니다.

```
    [-1, 2, 3, 4, 7]
```

루프의 첫 번째 단계에서 n은 -1이고, 딕셔너리에는 아무것도 없으므로 -1(키)과 0(값)을 딕셔너리에 저장합니다. 두 번째 단계에서 n은 2이고, rem은 5-2=3이므로 이번에는 2(키)와 1(값)을 딕셔너리에 추가합니다. 세 번째 단계에서 n은 3이고, rem은 2입니다. 2는 이미 딕셔너리에 있으므로 답을 찾았습니다.

이 방법은 무차별 대입 알고리즘과 달리 O(n)을 따릅니다. 해시 테이블을 사용하면 이중으로 중첩된 for 루프를 사용할 필요가 없기 때문에 훨씬 효율적입니다.

용어 복습

- **연관 배열** | 고유한 키를 사용해 키-값 쌍을 저장하는 추상 데이터 타입
- **키-값 쌍** | 키와 값을 한 쌍으로 묶은 데이터
- **키** | 값을 가져올 때 사용하는 데이터
- **값** | 키를 사용해 가져오는 데이터
- **해시 테이블** | 고유한 키를 사용해 키-값 쌍을 저장하는 선형 자료구조
- **해시 함수** | 키를 매개변수로 받아 고유한 데이터를 반환하는 함수. 이 데이터를 반환해 실제로 컴퓨터에 값을 저장하는 배열 인덱스와 키를 연결함
- **해시 값** | 해시 함수가 반환하는 인덱스
- **충돌** | 두 해시 값이 같은 슬롯에 배치되는 현상
- **JSON** | 데이터 교환 방식(자바스크립트 객체 표기법)
- **API** | 애플리케이션이 서로 통신할 수 있도록 만든 프로그램(애플리케이션 프로그래밍 인터페이스)

연습문제

1. 주어진 문자열에서 중복되는 단어를 모두 제거해 보세요. 예를 들어, 주어진 문자열이 "I am a self-taught programmer looking for a job as a programmer."라면 함수는 "I am a self-taught programmer looking for a job as a."를 반환해야 합니다.

이진 트리

> 가장 강력한 사람은 배움을 멈추지 않는 사람입니다.
>
> ──── 리조이스 덴헤어 Rejoice Denhere

지금까지 배운 자료구조는 모두 선형이었습니다. 이제부터는 몇 가지 핵심적인 비선형 자료 구조와 추상 데이터 타입을 알아보겠습니다. 먼저 살펴볼 것은 [그림 13-1]과 같이 노드를 연결해 계층 구조를 만드는 비선형 추상 데이터 타입인 트리입니다. 트리의 기본 동작에는 삽입과 탐색, 삭제가 있습니다.

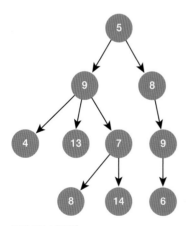

그림 13-1 | 트리

트리 자료구조에는 일반 트리, AVL 트리, 레드 블랙 트리, 이진 트리, 이진 탐색 트리 등 다양한 타입이 있습니다. 이번 챕터에서는 일반 트리와 이진 탐색 트리, 이진 트리에 대해 살펴보고, 특히 이진 트리에 대해 자세히 알아보겠습니다. 모든 타입의 트리를 다루는 것은 이 책의 범위를 벗어나므로 다른 타입의 트리에 대해서는 각자 더 자세히 알아보기 바랍니다.

일반 트리란 맨 위에 하나의 노드를 두고 시작하는 자료구조를 말합니다. [그림 13-2]와 같이 트리의 맨 위에 있는 노드를 **루트 노드**^{Root Node}, 그 아래로 연결된 링크드 노드를 **자식 노드**^{Child Node}라고 합니다. **부모 노드**^{Parent Node}는 하나 이상의 자식 노드를 가지고, **형제 노드**^{Sibling Node}는 같은 부모 노드를 공유합니다. 또한 트리에서 두 노드 사이의 연결은 **에지**^{Edge}라고 합니다.

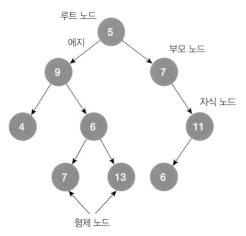

그림 13-2 | 트리의 노드

[그림 13-3]과 같이 두 노드가 에지를 공유하면 한 노드에서 다른 노드로 이동할 수 있습니다.

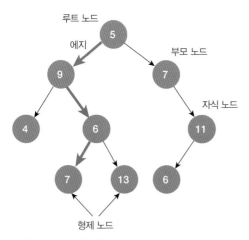

그림 13-3 | 트리의 경로

루트 노드를 제외한 모든 노드에는 부모 노드가 있습니다. 또한 자식 노드가 없는 노드를 **리프 노드**Leaf Node라고 하며, 자식 노드가 있는 노드를 **브랜치 노드**Branch Node라고 합니다.

이진 트리 Binary Tree는 각각의 노드가 최대 두 개의 자식 노드만 가질 수 있는 트리 자료구조를 말합니다. [그림 13-4]와 같이 이진 트리의 모든 노드는 루트 노드를 제외하고 부모 노드의 왼쪽 또는 오른쪽 자식 노드입니다.

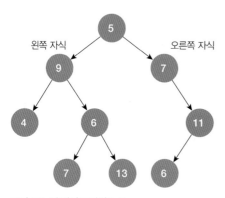

그림 13-4 | 이진 트리의 노드

이진 트리의 다른 나머지 요소는 일반 트리와 같습니다. 유일한 차이는 자식 노드의 제한입니다.

이진 탐색 트리[Binary Search Tree]는 각각의 노드가 최대 두 개의 자식만 가질 수 있으며, 각 노드의 값이 왼쪽에 있는 서브트리의 어떤 값보다 크고, 오른쪽 서브트리에 있는 어떤 값보다 작도록 정렬하여 저장하는 트리 자료구조입니다. 해시 테이블의 키처럼 이진 탐색 트리에는 중복 값을 저장할 수 없습니다. 그러나 동일한 값에 대한 발생 횟수를 추적하기 위해 트리의 노드 객체에 카운트 필드를 추가하여 이 제한을 우회하고 중복 값을 처리할 수 있습니다.

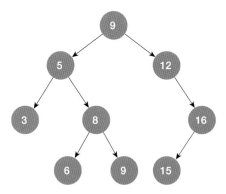

그림 13-5 | 이진 탐색 트리

배열이나 링크드 리스트 같은 선형 자료구조와 달리 트리의 전체를 이동하려면 백트래킹이 필요할 때가 많습니다. 루트 노드에서 시작해 어떤 노드로든 이동할 수 있지만, 일단 루트 노드에서 벗어나면 그 노드의 하위 노드로만 이동할 수 있습니다. 노드의 **자손**[Descendant]은 노드의 자식과 그 자식, 그 자식의 자식 등으로 이어집니다. 예를 들어, [그림 13-6]은 루트 노드 A와 리프 노드 B, D, E, 그리고 브랜치 노드 C로 구성된 트리입니다. A 노드에는 B와 C, 두 개의 자식이 있고 C에는 D와 E, 두 개의 자식이 있습니다. 노드 B, C, D, E는 모두 노드 A의 자손입니다.

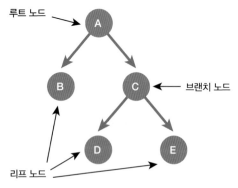

루트 노드 ← A

B   C ← 브랜치 노드

D   E

리프 노드

그림 13-6 | 루트 노드와 자손

루트 노드에서 시작해 오른쪽 자식 노드로만 이동하면 A, C, E 순서로 이동하게 되고, 왼쪽 자식 노드로만 이동하면 A와 B로 이동하게 됩니다. 어느 쪽 방향으로 이동해도 노드 D로는 이동하지 않습니다. 노드 D에 도달하려면 반드시 노드 A의 오른쪽 자식 노드로 이동한 다음, 다시 노드 C의 왼쪽 자식 노드로 이동해야 합니다. 즉, 이 이진 트리에서는 백트래킹 없이 노드 D에 도달할 수 없습니다.

트리를 사용해야 할 때

일반 트리와 이진 트리에서 데이터를 삽입하고 삭제, 탐색하는 작업은 모두 O(n)을 따릅니다. 이진 탐색 트리는 더 효율적입니다.

자료구조	시간 복잡도							
	평균				최악			
	접근	탐색	삽입	삭제	접근	탐색	삽입	삭제
배열	O(1)	O(n)	O(n)	O(n)	O(1)	O(n)	O(n)	O(n)
스택	O(n)	O(n)	O(1)	O(1)	O(n)	O(n)	O(1)	O(1)
큐	O(n)	O(n)	O(1)	O(1)	O(n)	O(n)	O(1)	O(1)
링크드 리스트	O(n)	O(n)	O(1)	O(1)	O(n)	O(n)	O(1)	O(1)
해시 테이블	N/A	O(1)	O(1)	O(1)	N/A	O(n)	O(n)	O(n)
이진 탐색 트리	O(log n)	O(log n)	O(log n)	O(log n)	O(n)	O(n)	O(n)	O(n)

표 13-1 | 이진 탐색 트리의 실행 시간

[표 13-1]과 같이 이진 탐색 트리에서는 노드의 삽입과 삭제, 탐색 작업에 이진 탐색을 사용할 수 있으므로 모두 로그 함수를 따릅니다.

모든 연산이 선형인데 왜 트리 구조를 사용해야 하는지 궁금할 수 있습니다. 이진 탐색 트리가 로그 함수를 따르기는 하지만 여전히 해시 테이블보다 실행 시간이 느린데 왜 트리를 사용하는 것일까요? 트리는 배열과 같은 선형 자료구조로는 표현하기 아주 어렵거나 불가능한 계층적 정보를 저장할 수 있기 때문입니다. 예를 들어 컴퓨터의 디렉터리를 프로그램으로 표현한다고 합시다. 내문서 폴더에 10개의 폴더가 있고, 폴더 안에는 각각 20개의 폴더가 있으며, 다시 그 안에 4개의 폴더가 있는 형태로 계속 이어집니다. 이런 폴더들 사이의 관계를 알기 쉽게 표현하는 것은 배열에서는 아주 어려운 일이지만, [그림 13-7]과 같이 트리에서는 쉽습니다.

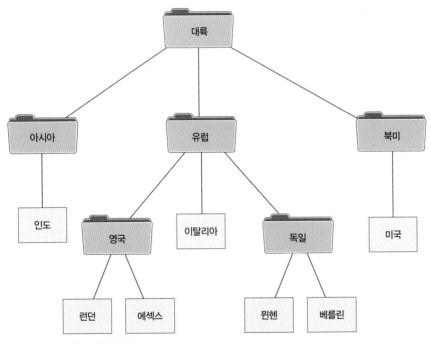

그림 13-7 | 트리로 나타낸 폴더

HTML과 XML 문서도 트리로 표현할 수 있는 데이터 계층 구조입니다. HTML^{Hypertext Mark-up Language}은 웹 페이지를 만들 때 사용하는 마크업 언어이고, XML^{Extensible Mark-up Language}은 문

서를 만들 때 사용하는 마크업 언어입니다. 보통 HTML과 XML은 태그를 중첩할 수 있어 트리로 표현하며, 각 노드는 HTML이나 XML의 요소를 나타냅니다. 웹사이트의 프런트엔드에 사용하는 프로그래밍 언어인 자바스크립트는 문서 객체 모델을 사용합니다. **문서 객체 모델**(DOM)^{Document Object Model}이란 [그림 13-8]과 같이 XML이나 HTML 문서를 트리로 나타내는 언어 독립적 인터페이스입니다.

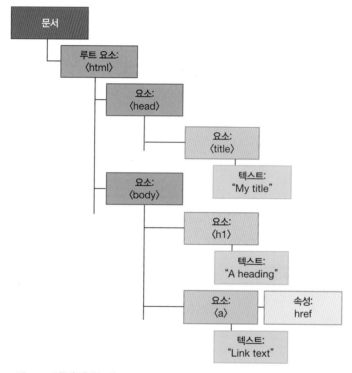

그림 13-8 | 문서 객체 모델

산술 표현식 역시 트리 형태로 분석할 수 있습니다. 예를 들어, 2 + 3 * 4와 같은 식은 [그림 13-9]와 같은 트리로 표현할 수 있습니다. 트리 아래쪽의 3 * 4를 계산하고 한 단계 위로 올라와 2 + 12를 계산해 답을 얻습니다. [그림 13-9]와 같은 트리를 파스 트리라고 부릅니다. **파스 트리**^{Parse Tree}란 표현식 평가 규칙과 같은 일정한 문법에 따라 데이터를 저장하는 정렬된 트리입니다.

2 + 3 * 4 =

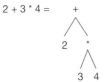

그림 13-9 | 수학 식을 나타낸 트리

계층 구조를 가진 데이터를 나타내는 것이 트리의 유일한 목적은 아닙니다. 정렬된 이진 트리는 로그 시간으로 데이터를 탐색할 수 있습니다. 비록 이진 탐색이 해시 테이블의 상수 시간 탐색보다 느리기는 하지만, 해시 테이블에는 없는 몇 가지 장점이 있습니다. 첫 번째는 메모리 사용량입니다. 해시 테이블은 충돌로 인해 실제로 저장하는 데이터보다 열 배 이상의 공간을 사용할 수도 있지만, 이진 탐색 트리는 메모리를 낭비하지 않습니다. 또한 이진 탐색 트리는 데이터의 정렬된 순서나 역순으로 빠르게 이동할 수 있는 반면에, 해시 테이블은 데이터를 순서대로 저장하지 않으므로 순서에 따라 이동하는 것이 불가능합니다.

이진 트리 만들기

파이썬에서 이진 트리를 만드는 방법은 다음과 같습니다.

```python
class BinaryTree:
    def __init__(self, value):
        self.key = value
        self.left_child = None
        self.right_child = None

    def insert_left(self, value):
        if self.left_child == None:
            self.left_child = BinaryTree(value)
        else:
            bin_tree = BinaryTree(value)
            bin_tree.left_child = self.left_child
            self.left_child = bin_tree
```

```
def insert_right(self, value):
    if self.right_child == None:
        self.right_child = BinaryTree(value)
    else:
        bin_tree = BinaryTree(value)
        bin_tree.right_child = self.right_child
        self.right_child = bin_tree
```

먼저 트리를 나타내는 BinaryTree 클래스를 정의합니다. BinaryTree에는 세 가지 인스턴스 변수인 key, left_child, right_child가 있습니다. 변수 key는 노드 데이터를 저장하고, left_child는 노드의 왼쪽 자식, right_child는 노드의 오른쪽 자식을 추적합니다. 트리의 자식 노드를 만들 때는 BinaryTree 클래스의 새로운 인스턴스를 만들며, 모든 인스턴스는 자동으로 키, 왼쪽 자식, 오른쪽 자식을 갖습니다. 모든 자식 노드는 서브트리입니다. **서브트리**|Subtree는 노드(루트 노드는 제외)와 그 자손 노드를 말합니다. 서브트리는 다시 서브트리를 가질 수 있습니다.

그 다음에는 자식 노드를 생성하고, 이를 트리의 왼쪽에 삽입하는 insert_left 메서드를 정의합니다.

```
def insert_left(self, value):
    if self.left_child = None:
        self.left_child = BinaryTree(value)
    else:
        bin_tree = BinaryTree(value)
        bin_tree.left_child = self.right_child
        bin_tree.left_child = bin_tree
```

이 메서드는 먼저 self.left_child가 None인지를 확인합니다. self.left_child가 None

이면 BinaryTree 클래스의 새로운 인스턴스를 만들고, 이를 self.left_child에 할당합니다.

```
if self.left_child = None:
    self.left_child = BinaryTree(value)
```

self.left_child가 None이 아니면 새로운 BinaryTree 객체를 만들고, 현재 self.left_child를 새로 만든 BinaryTree 객체의 self.left_child에 할당한 다음, self.left_child에 새로 만든 BinaryTree 객체를 할당합니다. 간단히 말해 왼쪽 서브트리를 한 단계씩 밀어냅니다.

```
else:
    bin_tree = BinaryTree(value)
    bin_tree.left_child = self.left_child
    self.left_child = bin_tree
```

insert_left 메서드를 정의했다면, 그 다음에는 insert_right 메서드를 정의합니다. 이 메서드는 기본적으로 insert_left와 똑같이 동작하며 왼쪽이 아니라 오른쪽 노드라는 점만 다릅니다.

```
def insert_right(self, value):
    if self.right_child == None:
        self.right_child = BinaryTree(value)
    else:
        bin_tree = BinaryTree(value)
        bin_tree.right_child = self.right_child
        self.right_child = bin_tree
```

이제 바이너리 트리를 생성하고 다음과 같이 노드를 추가할 수 있습니다.

```
tree = BinaryTree(1)
tree.insert_left(2)
tree.insert_right(3)
tree.insert_left(4)
tree.left_child.insert_right(6)
tree.insert_right(5)
```

이 코드는 [그림 13-10]과 같이 표현할 수 있습니다.

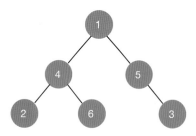

그림 13-10 | 노드가 5개인 이진 트리

너비 우선 탐색

트리를 이동할 때는 대부분 백트래킹이 필요합니다. 그렇다고 해서 트리에서는 데이터를 탐색할 수 없다는 의미가 아닙니다. 트리에서 데이터를 탐색하려면 트리의 모든 노드를 방문하면서 원하는 데이터가 있는지 확인해야 합니다. 이진 트리의 노드를 전부 방문하는 방법은 여러 가지입니다. 그중 하나는 '레벨'의 순서대로 모든 노드에 방문하는 방법인 **너비 우선 이동**Breadth-First Traversal입니다. [그림 13-11]과 같은 이진 트리에서는 루트 노드가 레벨 0이고, 자식 노드는 레벨 1, 손자 노드는 레벨 2인 식입니다.

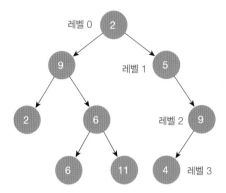

레벨 0

레벨 1

레벨 2

레벨 3

그림 13-11 | 이진 트리의 레벨

너비 우선 이동을 사용해 데이터를 탐색할 때, 이를 **너비 우선 탐색**Breadth-First Search이라고 합니다. 너비 우선 탐색은 트리 루트(레벨 0)에서 시작해 각 레벨의 모든 노드를 하나씩 방문하며 마지막 레벨에 도달할 때까지 단계를 반복합니다. 너비 우선 탐색 알고리즘은 트리에서 현재 레벨과 다음 레벨을 저장하는 각각의 리스트를 사용해 만들 수 있습니다. 현재 리스트의 노드를 방문할 때마다 찾으려는 데이터와 일치하는지를 확인하고, 그 자식 노드를 '다음' 리스트에 추가합니다. 현재 레벨을 모두 방문해 다음 레벨로 이동할 때는 리스트를 교체합니다. 다음은 이진 트리에서 너비 우선 탐색을 사용해 숫자를 탐색하는 코드입니다.

```python
class BinaryTree:
    def __init__(self, value):
        self.key = value
        self.left_child = None
        self.right_child = None

    def insert_left(self, value):
        if self.left_child == None:
            self.left_child = BinaryTree(value)
        else:
            bin_tree = BinaryTree(value)
            bin_tree.left_child = self.left_child
            self.left_child = bin_tree
```

```
        def insert_right(self, value):
            if self.right_child == None:
                self.right_child = BinaryTree(value)
            else:
                bin_tree = BinaryTree(value)
                bin_tree.right_child = self.right_child
                self.right_child = bin_tree

        def breadth_first_search(self, n):
            current = [self]
            next = []
            while current:
                for node in current:
                    if node.key == n:
                        return True
                    if node.left_child:
                        next.append(node.left_child)
                    if node.right_child:
                        next.append(node.right_child)
                current = next
                next = []
            return False
```

breadth_first_search 메서드는 탐색하려는 데이터 n을 매개변수로 받습니다.

```
    def breadth_first_search(self, n):
```

그 다음에는 두 개의 리스트를 정의합니다. 첫 번째 리스트인 current에는 현재 탐색 중인 레벨의 노드들을 저장하고, 두 번째 리스트인 next에는 다음 레벨의 노드들을 저장합니다. current는 self가 들어 있는 채로 시작되므로 탐색은 트리 루트(레벨 0)에서 시작합니다.

```
current = [self]
next = []
```

while 루프는 current에 탐색할 노드가 남아 있는 한 계속 반복됩니다.

```
while current:
```

for 루프를 사용해 current의 모든 노드를 순회합니다.

```
for node in current:
```

노드의 값이 탐색 대상인 n과 일치하면 True를 반환합니다.

```
if node.key == n:
    return True
```

그렇지 않으면 현재 노드의 None이 아닌 왼쪽과 오른쪽 자식 노드를 next 리스트에 추가하여
다음 레벨을 탐색할 때 순회하도록 만듭니다.

```
if node.left_child:
    next.append(node.left_child)
if node.right_child:
    next.append(node.right_child)
```

for 루프가 끝나면 current 리스트를 next 리스트로 대체합니다. 다음에 탐색할 노드 리스
트가 탐색 대상이 되고, next는 비어 있는 리스트가 됩니다.

```
current = next
next = []
```

while 루프가 끝나면 너비 우선 탐색으로 n을 찾지 못했다는 뜻이므로 False를 반환합니다.

```
    return False
```

다른 트리 이동 방법

너비 우선 이동이 이진 트리를 이동하는 유일한 방법은 아닙니다. 깊이 우선 이동도 있습니다. **깊이 우선 이동**Depth-First Traversal은 이진 트리의 모든 노드를 한 방향으로 방문한 후 다음 형제 노드로 이동합니다. 깊이 우선 이동은 다시 전위Preorder, 후위Postorder, 중위In order로 나뉩니다. 세 가지 방법은 비슷하게 구현되지만 사용 목적이 서로 다릅니다.

[그림 13-12]와 같은 이진 트리가 있다고 합시다. 전위 이동은 루트 노드에서 시작해 왼쪽으로 이동한 다음 오른쪽으로 이동합니다.

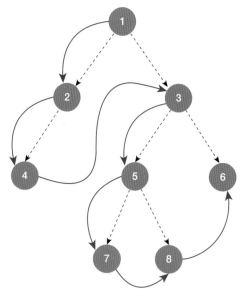

전위: 1, 2, 4, 3, 5, 7, 8, 6

그림 13-12 | 전위 이동

다음은 [그림 13-12]의 이진 트리를 만드는 코드입니다. 너비 우선 탐색 메서드를 조금 수정했습니다.
True가 아니라 찾은 노드를 반환하는 find 메서드로 바꾼 코드를 참고해 보세요.

```python
def find(self, n):
    current = [self]
    next = []
    while current:
        for node in current:
            if node.key == n:
                return node
            if node.left_child:
                next.append(node.left_child)
            if node.right_child:
                next.append(node.right_child)
        current = next
        next = []
    return False
```

find 메서드를 사용해 [그림 13-12]의 이진 트리를 만들 수 있습니다.

```python
tree = BinaryTree(1)
tree.insert_left(2)
tree.find(2).insert_left(4)
tree.insert_right(3)
tree.find(3).insert_left(5)
tree.find(3).insert_right(6)
tree.find(5).insert_left(7)
tree.find(5).insert_right(8)


preorder(tree)
```

실행 결과

```
1, 2, 4, 3, 5, 7, 8, 6
```

다음은 전위 이동을 구현한 코드입니다.

```python
def preorder(tree):
    if tree:
        print(tree.key)
        preorder(tree.left_child)
        preorder(tree.right_child)
```

이 함수는 다음과 같은 종료 조건을 만날 때까지 자신을 재귀로 호출합니다.

```python
if tree:
```

그리고 각 노드의 값을 출력합니다.

```python
print(tree.key)
```

다음에는 각 노드의 왼쪽 자식과 오른쪽 자식에서 preorder를 호출합니다.

```python
preorder(tree.left_child)
preorder(tree.right_child)
```

이러한 이동 방식은 CHAPTER 04에서 만든 병합 정렬과 비슷해 익숙할 것입니다. 병합 정렬에서는 재귀 함수를 사용해 리스트를 둘로 나누기를 반복했습니다. 둘로 나누기를 반복해 모든 서브리스트가 하나의 요소만 갖게 되면 종료 조건에 도달하고, 재귀 스택을 한 단계씩 거슬러 올라가면서 두 리스트를 병합했습니다. 병합 정렬 알고리즘은 전위 이동과 비슷하지만 후위 이동이라고 부릅니다. 후위 이동은 전위 이동과 달리 노드의 값을 출력하는 등의 작업을 재귀 호출 '이후'에 처리한다는 차이가 있습니다.

```
def postorder(tree):
    if tree:
        postorder(tree.left_child)
        postorder(tree.right_child)
        print(tree.key)
```

후위 이동은 [그림 13-13]처럼 트리의 왼쪽에서 시작해 오른쪽으로 이동한 다음 루트 노드에서 끝납니다.

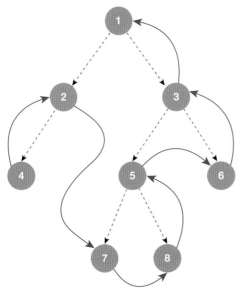

후위: 4, 2, 7, 8, 5, 6, 3, 1

그림 13-13 | 후위 이동

병합 정렬 알고리즘에 비교해 보면 리스트를 병합하는 작업 대신 노드를 출력했다고 생각하면 됩니다.

이번에는 중위 이동입니다.

```
def inorder(tree):
    if tree:
```

```
inorder (tree.left_child)
print(tree.key)
inorder (tree.right_child)
```

중위 이동 역시 전위 이동, 후위 이동과 비슷하게 동작하지만 노드의 값을 출력하는 등의 작업을 두 가지 재귀 호출의 '중간'에 수행한다는 차이점이 있습니다. 중위 이동은 [그림 13-14] 처럼 트리의 왼쪽에서 시작해 루트 노드로 이동한 다음 오른쪽으로 이동합니다.

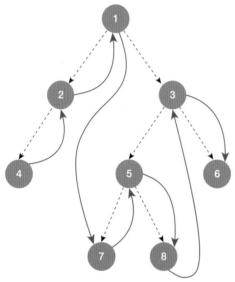

중위: 4, 2, 1, 7, 5, 8, 3, 6

그림 13-14 | 중위 이동

이진 트리 뒤집기

맥스 하웰Max Howell은 널리 사용되는 소프트웨어 패키지 관리 시스템인 홈브류Homebrew를 만든 개발자입니다. 맥스는 구글에 소프트웨어 엔지니어로 지원했다가 탈락한 일화로 유명합니다. 맥스는 면접에서 탈락한 후 다음과 같은 트윗을 남겼습니다. "구글: 우리 엔지니어의 90%는 당신이 만든 소프트웨어 홈브류를 사용하는군요. 그런데 당신은 칠판에서 이진 트리를 뒤집는 것도 못하나요? 배웅은 안 하겠습니다."

이진 트리 반전 Inverting a binary tree은 모든 노드를 서로 바꾸는 것을 말합니다. 오른쪽 노드는 전부 왼쪽 노드가 되고, 왼쪽 노드는 전부 오른쪽 노드가 됩니다. 이제부터 이진 트리를 뒤집는 방법을 알아볼 테니 여러분이 맥스 하웰처럼 기술 면접에서 망신을 당하는 일은 없을 것입니다.

이진 트리를 뒤집기 위해서는 모든 노드를 방문하면서 각 노드의 자식을 추적해야 합니다. 이를 위한 방법 중 하나는 너비 우선 탐색을 사용해 왼쪽과 오른쪽 자식을 각각 추적해 뒤집는 것입니다.

다음은 이진 트리를 뒤집는 코드를 작성한 것입니다.

```python
class BinaryTree:
    def __init__(self, value):
        self.key = value
        self.left_child = None
        self.right_child = None

    def insert_left(self, value):
        if self.left_child == None:
            self.left_child = BinaryTree(value)
        else:
            bin_tree = BinaryTree(value)
            bin_tree.left_child = self.left_child
            self.left_child = bin_tree

    def insert_right(self, value):
        if self.right_child == None:
            self.right_child = BinaryTree(value)
        else:
            bin_tree = BinaryTree(value)
            bin_tree.right_child = self.right_child
            self.right_child = bin_tree
```

```
def invert(self):
    current = [self]
    next = []
    while current:
        for node in current:
            if node.left_child:
                next.append(node.left_child)
            if node.right_child:
                next.append(node.right_child)
            tmp = node.left_child
            node.left_child = node.right_child
            node.right_child = tmp
        current = next
        next = []
```

이 코드는 숫자를 탐색하기 위한 너비 우선 이동 코드와 거의 같지만, 너비 우선 이동에서 노드의 값이 n과 일치하는지 확인하는 것 대신 오른쪽과 왼쪽 자식을 서로 바꿨습니다.

먼저 node.left_child를 임시 변수 tmp에 저장합니다. 그리고 node.left_child에 node.right_child를 할당하고, node.right_child에 tmp를 할당해 두 자식 노드를 뒤집습니다.

```
tmp = node.left_child
node.left_child = node.right_child
node.right_child = tmp
```

알고리즘이 끝나면 이진 트리가 성공적으로 뒤집힌 것입니다. 깊이 우선 이동을 사용하면 이보다 더 간결하게 이진 트리를 뒤집을 수 있습니다. 이 문제는 연습문제로 남기겠습니다.

용어 복습

- **트리** | 계층 구조로 노드를 연결하는 비선형 추상 데이터 타입
- **루트 노드** | 트리의 맨 위에 있는 노드
- **자식 노드** | 부모 노드 아래로 연결된 노드
- **부모 노드** | 하나 이상의 자식 노드를 가진 노드
- **형제 노드** | 부모 노드를 공유하는 노드
- **에지** | 두 노드 사이의 연결
- **리프 노드** | 자식 노드가 없는 노드
- **브랜치 노드** | 자식 노드가 있는 노드
- **이진 트리** | 각 노드가 최대 두 개의 자식 노드만 가질 수 있는 트리 자료구조
- **이진 탐색 트리** | 각각의 노드가 최대 두 개의 자식만 가질 수 있으며, 각 노드의 값이 왼쪽 자식보다는 크고, 오른쪽 자식보다는 작도록 정렬하여 저장하는 트리 자료구조
- **자손** | 노드의 자식과 그 자식, 그 자식의 자식 노드 모두를 이르는 말
- **HTML** | 웹 페이지를 만들 때 사용하는 마크업 언어
- **XML** | 문서를 만들 때 사용하는 마크업 언어
- **문서 객체 모델** | XML이나 HTML 문서를 트리로 나타내는 언어 독립적 인터페이스
- **파스 트리** | 표현식 평가 규칙과 같은 일정한 문법에 따라 데이터를 저장하는 정렬된 트리
- **서브트리** | 루트 노드를 제외한 노드와 그 자손 노드
- **너비 우선 이동** | 레벨의 순서대로 트리의 모든 노드에 방문하는 방법
- **너비 우선 탐색** | 너비 우선 이동을 사용하는 탐색 방법
- **깊이 우선 이동** | 이진 트리의 모든 노드를 한 방향으로 방문한 다음, 형제 노드로 이동하는 방법
- **이진 트리 반전** | 모든 노드의 좌우를 바꾸는 것

연습문제

1. 깊이 우선 이동을 사용해 이진 트리를 뒤집어 보세요.

CHAPTER 14

이진 힙

> 구글과 페이스북, 애플의 성장은 컴퓨터 과학이 사람들의 일상적인 문제를 해결할 수 있다는 사실을 증명한 것이라고 생각합니다.
>
> — 에릭 슈미트 Eric Schmidt

우선순위 큐 Priority Queue는 각 데이터에 우선순위가 있는 자료구조를 정의하는 추상 데이터 타입입니다. 선입 선출을 따르는 일반적인 큐와 달리 우선순위 큐는 우선순위에 따라 요소를 꺼냅니다. 우선순위가 가장 높은 데이터를 먼저 꺼내고, 그 다음으로 우선순위가 높은 데이터를 그 다음으로 꺼내는 방식으로 작동합니다(반대로 우선순위가 가장 낮은 값부터 꺼낼 수도 있습니다). 우선순위 큐를 구현한 자료구조는 다양한데, 힙도 그중 하나입니다. **힙**Heap은 트리기반의 자료구조로, 각 노드에 값과 우선순위가 함께 담깁니다. 힙 노드의 값을 **키**Key라고 부릅니다. 노드의 키와 우선순위는 서로 관계가 없지만 정수나 문자처럼 산술적으로 정렬할 수있는 데이터라면 키를 우선순위로 사용할 수 있습니다. 이번 챕터에서는 키를 우선순위를 나타내는 데 사용하겠습니다.

컴퓨터 과학자는 트리를 사용해 힙을 만듭니다. 힙은 어떤 트리를 사용하는가에 따라 여러 타입으로 나눌 수 있지만 이번에는 이진 트리를 사용해 만든 힙, **이진 힙**Binary Heap에 대해 알아보겠습니다.

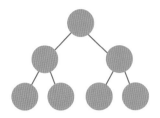

그림 14-1 | 이진 힙의 형태

이진 힙에는 최대 힙과 최소 힙, 두 가지 타입이 있습니다. **최대 힙**^{Max Heap}에서는 부모 노드의 우선순위가 항상 자식 노드의 우선순위보다 크거나 같고, 우선순위가 가장 높은 노드가 루트 노드입니다. [그림 14-2]는 정수 1, 2, 3, 4, 6, 8, 10으로 구성한 최대 힙입니다.

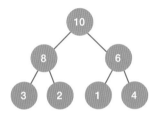

그림 14-2 | 최대 힙

반대로 **최소 힙**^{Min Heap}에서는 부모 노드의 우선순위가 항상 자식 노드의 우선순위보다 작거나 같고, 우선순위가 가장 낮은 노드가 루트 노드입니다. [그림 14-3]은 [그림 14-2]와 같은 정수로 만든 최소 힙입니다.

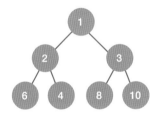

그림 14-3 | 최소 힙

우선순위는 부모와 자식 노드 사이에만 적용합니다. 형제 노드 사이에서의 우선순위는 중요하지 않습니다. [그림 14-3]처럼 형제 노드는 우선순위가 적용되지 않습니다.

배열과 같은 자료구조에서 힙을 만드는 것을 **힙 구조화**^{Heapifying}라고 합니다. 다음과 같은 정렬되지 않은 키 배열이 있다고 합시다.

```
["R", "C", "T", "H", "E", "D", "L"]
```

이 데이터를 힙으로 만들려면 먼저 각 데이터를 이진 트리의 노드로 추가해야 합니다. [그림 14-4]와 같이 트리의 맨 위에서 시작해 각 레벨마다 왼쪽에서 오른쪽 방향으로 자식 노드를 채웁니다.

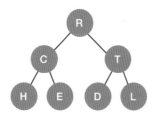

그림 14-4 | 배열의 힙 구조화

그리고 힙을 재정렬합니다. **힙 재정렬**Balancing a heap이란 순서가 맞지 않는 키를 다시 정렬한다는 뜻입니다. 이 예제에서는 마지막 부모 노드(T)에서 시작해 자식 노드인 리프 노드 D, L과 비교합니다. [그림 14-5]와 같이 리프 노드 중에서 부모 노드보다 값이 더 작은 노드가 있다면 부모 노드와 위치를 바꿉니다.

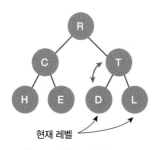

현재 레벨

그림 14-5 | 힙의 재정렬

재정렬을 시작한 노드 T와 그 자식인 리프 노드 D, L 중에서는 D가 가장 작으므로 부모 노드인 T와 위치를 바꿨습니다.

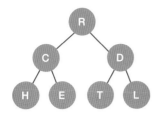

그림 14-6 | 첫 번째 힙 재정렬

그 다음에는 정렬을 마친 T, D, L을 제외한 마지막 부모 노드인 C와 그 리프 노드 H, E를 재정렬합니다. [그림 14-7]과 같이 C는 H와 E보다 작으므로 이번에는 위치를 바꾸지 않습니다.

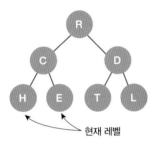

그림 14-7 | 두 번째 힙 재정렬

이제 한 레벨 위로 올라가 다시 비교합니다.

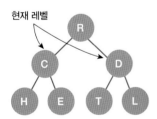

그림 14-8 | 다음 레벨의 힙 재정렬

R, C, D 중에서는 C가 가장 작으므로 C와 R을 바꿉니다. [그림 14-9]와 같이 이제 C가 루트 노드가 되었습니다.

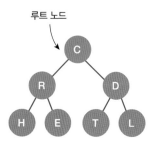

그림 14-9 | 세 번째 힙 재정렬

순서를 바꾼 R 노드로 내려가 다시 리프 노드와 비교합니다. R이 리프 노드 중 하나보다 크면 둘의 위치를 바꾼 다음 다시 비교합니다. R보다 작은 리프 노드가 없을 때 또는 힙의 최하위 레벨에 도달할 때까지 비교를 반복하는 것입니다. [그림 14-10]과 같이 E가 R보다 작으므로 두 노드의 위치를 바꿉니다.

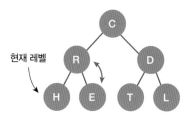

그림 14-10 | 바뀐 레벨에서의 힙 재정렬

이제 [그림 14-11]과 같이 힙 재정렬을 마쳤습니다.

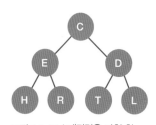

그림 14-11 | 재정렬을 마친 힙

컴퓨터 과학자는 종종 힙을 배열에 저장합니다. [그림 14-12]와 같이 트리에서의 위치를 기준으로 키를 분산하는 방식으로 힙을 파이썬 리스트에 저장할 수 있습니다.

그림 14-12 | 트리의 위치를 기준으로 인덱스에 키를 저장한 배열

리스트에서 힙의 루트 노드는 인덱스 0에 위치합니다. 루트 노드의 왼쪽 자식 노드는 인덱스 1, 오른쪽 자식 노드는 인덱스 2입니다. 방정식을 사용하면 자식 노드의 위치를 구할 수 있습니다. 어떤 노드 k가 있을 때 왼쪽 자식의 인덱스는 항상 2k + 1이고, 오른쪽 자식의 인덱스는 2k + 2입니다. 앞에서 살펴본 예제에서 루트 노드인 C(루트 노드이므로 k는 0)의 오른쪽 자식 노드를 찾는 식은 2 * 0 + 2이며, 답은 2입니다. 다시 말해 [그림 14-13]과 같이 인덱스 0의 오른쪽 자식 노드는 인덱스 2에 위치합니다.

그림 14-13 | 자식 노드의 위치 구하기

힙을 사용해야 할 때

최대 힙에서 최댓값을 찾거나 최소 힙에서 최솟값을 찾는 작업은 상수 시간을 따르지만, 최소 힙에서 가장 작은 노드를 제거하거나 최대 힙에서 가장 큰 노드를 제거하려면 노드를 제거한 후 재정렬해야 하므로 로그 함수를 따릅니다. 힙에 데이터를 삽입하는 작업 역시 로그 함수를 따르며, 탐색 작업은 O(n)을 따릅니다.

힙은 우선순위에 따라 실행해야 하는 작업에 적합합니다. 예를 들어, 운영 체제는 힙을 사용해 여러 작업을 관리하고 각 작업의 우선순위에 따라 자원을 할당하도록 설계됩니다. 힙은 그래프에서 두 노드의 최단 경로를 찾는 데이크스트라^{Dijkstra} 알고리즘을 구현하는 데에도 사용할 수 있습니다. 데이크스트라 알고리즘은 가장 빠른 여행 경로를 찾거나 컴퓨터 네트워크의 라우팅 문제를 해결할 때 사용합니다(CHAPTER 15에서 자세히 살펴보겠습니다). 또한 힙은 **힙 정렬**^{Heapsort}과 같은 알고리즘에도 사용됩니다.

힙 만들기

파이썬 라이브러리에는 최소 힙을 쉽게 만들 수 있는 heapq 함수가 있습니다. 다음은 heapq 의 heapify 함수를 사용해 요소가 7개인 리스트를 힙으로 구조화하는 코드입니다.

```
from heapq import heapify

a_list = ['R', 'C', 'T', 'H', 'E', 'D', 'L']
heapify(a_list)
print(a_list)
```

실행 결과

```
['C', 'E', 'D', 'H', 'R', 'T', 'L']
```

먼저 heapq 라이브러리에서 heapify 함수를 가져와 heapify 함수에 리스트를 전달합니다. 힙으로 구조화된 리스트를 출력하면 파이썬 리스트로 저장된 최소 힙을 볼 수 있습니다.

heapq 라이브러리의 heappop 함수를 사용해 힙에서 키를 추출하고 재정렬할 수 있습니다. 다음 코드는 힙에서 루트 키를 제거하고 남은 키를 재정렬합니다.

```
from heapq import heapify, heappop

a_list = ['R', 'C', 'T', 'H', 'E', 'D', 'L']
heap = heapify(a_list)
print(a_list)
heappop(a_list)
print("After popping")
print(a_list)
```

```
['C', 'E', 'D', 'H', 'R', 'T', 'L']
After popping
['D', 'E', 'L', 'H', 'R', 'T']
```

먼저 heapq 모듈에서 heapify와 heappop을 가져옵니다.

```
from heapq import heapify, heappop
```

heapify 함수에 리스트를 전달해 힙을 만들어 출력합니다.

```
a_list = ['R', 'C', 'T', 'H', 'E', 'D', 'L']
heap = heapify(a_list)
print(a_list)
```

그 다음에는 heappop 함수를 사용해 힙에서 가장 작은 요소를 꺼낸 결과를 출력합니다.

```
heappop(a_list)
print("After popping")
print(a_list)
```

while 루프로 힙의 요소를 모두 꺼낼 수 있습니다. 다음은 힙을 만들어 모든 키를 꺼내는 코드입니다.

```
from heapq import heapify, heappop

a_list = ['D', 'E', 'L', 'H', 'R', 'T']
heapify(a_list)
while len(a_list) > 0:
    print(heappop(a_list))
```

먼저 힙을 만듭니다.

```
a_list = ['D', 'E', 'L', 'H', 'R', 'T']
heapify(a_list)
```

그리고 while 루프를 사용해 모든 키를 꺼냅니다.

```
while len(a_list) > 0:
    print(heappop(a_list))
```

heapq 라이브러리에는 힙에 키를 삽입한 후 재정렬하는 heappush 함수도 있습니다. 다음은 heappush를 사용해 힙에 요소를 넣는 코드입니다.

```
from heapq import heapify, heappush

a_list = ['D', 'E', 'L', 'H', 'R', 'T']
heapify(a_list)
heappush(a_list, "Z")
print(a_list)
```

실행 결과

```
['D', 'E', 'L', 'H', 'R', 'T', 'Z']
```

파이썬은 최소 힙에 대한 내장 함수만 제공하지만, 각 값에 −1을 곱하면 쉽게 최대 힙으로 만들 수 있습니다. 키가 문자열인 최대 힙을 만드는 것은 조금 더 어려울 수 있습니다. 이럴 때는 heapq 라이브러리를 사용하는 대신 클래스를 통해 힙을 만들거나 직접 코드를 작성해야 합니다.

마지막으로, heapq를 사용해 우선순위-값 쌍을 사용할 수 있습니다. 첫 번째 요소는 우선순위이고, 두 번째 요소는 값을 받는 튜플을 저장하면 됩니다. 다음 챕터에서 데이크스트라 알고리즘을 설명하며 관련 예제를 살펴보겠습니다.

최소 비용으로 로프 연결하기

힙을 사용하면 일상적인 프로그래밍에서 자주 발생하고, 기술 면접에도 자주 나오는 문제를 풀 수 있습니다. 길이가 서로 다른 여러 로프로 구성된 리스트가 있다고 합시다. 이들을 한 번에 한 쌍씩 연결하면서 전체 비용이 가장 낮은 순서를 찾는 문제를 예로 들 수 있습니다. 여기서 두 로프를 연결하는 비용은 두 로프의 합이고, 전체 비용은 전체 로프를 연결하는 데 드는 비용의 합입니다. 다음과 같은 로프 리스트를 예로 들어 보겠습니다.

```
[5, 4, 2, 8]
```

8과 2, 4와 10, 5와 14의 순서로 연결할 수 있으며, 각 비용을 모두 더하면 43입니다.

```
[5, 4, 2, 8] #8 + 2 = 10
[5, 4, 10]   #10 + 4 = 14
[5, 14]      #5 + 14 = 19
             #10 + 14 + 19 = 43
```

하지만 순서를 바꾸면 전체 비용도 달라집니다. 정확한 답을 얻기 위해서는 다음과 같이 가장 작은 로프들부터 연결해야 합니다.

가장 작은 로프들부터 연결해야 하는 이유는 가장 먼저 계산한 숫자가 가장 많이 반복되기 때문입니다. 10 + 14 + 19를 풀어 쓰면 다음과 같습니다.

실행 결과

```
    10   +       14    +           19
 (8 + 2) + (8 + 2 + 4) + (8 + 2 + 4 + 5)
    10 * 3
    4 * 2
    5 * 1
```

10은 3회, 4는 2회, 5는 1회씩 반복합니다. 3회를 반복하는 첫 번째 덧셈(8 + 2)이 가장 작고, 2회 반복하는 두 번째 덧셈(10 + 4)이 그 다음으로 작으며, 한 번만 하면 되는 마지막 덧셈의 결과가 가장 크도록 순서를 정해야 최소 비용으로 연결할 수 있습니다. 정답인 6 + 11 + 19를 풀어 쓰면 다음과 같습니다.

실행 결과

```
    6   +       11    +           19
 (2 + 4) + (2 + 4 + 5) + (2 + 4 + 5 + 8)
    6 * 3
    5 * 2
    8 * 1
```

최대 비용은 순서를 반대로 바꾸기만 하면 됩니다.

실행 결과

```
    13   +       17    +           19
 (8 + 5) + (8 + 5 + 4) + (8 + 5 + 4 + 2)
    13 * 3
    4 * 2
    2 * 1
```

가장 먼저 계산한 숫자가 가장 많이 반복된다는 힌트는 https://www.geeksforgeeks.org/connect-n-ropes-minimum-cost/에서 얻었습니다. 리스트를 정렬하고 나서 더해도 결과는 같겠지만 리스트에 요소를 삽입하고 제거하는 동작은 O(n)을 따르므로 로그 함수를 따르는 힙에 비해 비효율적입니다. 따라서 본문에서는 보다 효율적인 힙을 사용해 최소 비용으로 로프 연결하기 문제를 해결했습니다.

```
[5, 4, 2, 8]  #4 + 2 = 6
[5, 8, 6]     #6 + 5 = 11
[8, 11]       #8 + 11 = 19
              #6 + 11 + 19 = 36
```

이 순서를 따르면 문제의 정답인 36이 나옵니다. 이 문제는 최소 힙을 사용해 풀 수 있습니다. 다음 코드를 봅시다.

```
from heapq import heappush, heappop, heapify

def find_min_cost(ropes):
    heapify(ropes)
    cost = 0
    while len(ropes) > 1:
        sum = heappop(ropes) + heappop(ropes)
        heappush(ropes, sum)
        cost += sum
    return cost
```

먼저 로프 리스트를 매개변수로 받는 find_min_cost 함수를 정의합니다.

```
def find_min_cost(ropes):
```

heapify를 사용해 ropes를 최소 힙으로 변환하고, 로프 전체를 연결하는 비용을 추적할 변수 cost를 만듭니다.

```
heapify(ropes)
cost = 0
```

그리고 ropes의 길이가 1보다 클 때 계속 실행되는 while 루프를 만듭니다.

```
while len(ropes) > 1:
```

루프에서는 heappop을 사용해 힙에서 가장 작은 두 값을 꺼내 더하고, heappush를 사용해 두 값의 합을 다시 힙에 넣습니다. 그리고 두 값의 합을 cost에 더합니다.

```
sum = heappop(ropes) + heappop(ropes)
heappush(ropes, sum)
cost += sum
```

루프가 끝나면 모든 로프를 연결하는 최소 비용인 cost를 반환합니다.

```
return cost
```

용어 복습

- **우선순위 큐** | 각 데이터에 우선순위가 있는 자료구조를 정의하는 추상 데이터 타입
- **힙** | 각 노드에 데이터와 우선순위가 함께 저장되는 트리 기반 자료구조
- **키** | 힙 노드의 값
- **이진 힙** | 내부 자료구조로 이진 트리를 사용하는 힙
- **최대 힙** | 부모 노드의 우선순위가 항상 자식 노드의 우선순위보다 크거나 같고, 우선순위가 가장 높은 노드가 루트 노드인 힙
- **최소 힙** | 부모 노드의 우선순위가 항상 자식 노드의 우선순위보다 작거나 같고, 우선순위가 가장 낮은 노드가 루트 노드인 힙
- **힙 구조화** | 배열과 같은 자료구조에서 힙을 만드는 작업
- **힙 재정렬** | 순서가 맞지 않는 키의 순서를 다시 맞추는 작업

연습문제

1. 이진 트리를 매개변수로 받아 최소 힙이면 True를, 그렇지 않으면 False를 반환하는 함수를 만들어 보세요.

CHAPTER 15

그래프

그래프Graph는 하나의 데이터가 하나 이상의 다른 데이터와 연결되는 추상 데이터 타입입니다. 그래프 자료구조에서는 데이터를 **점**Vertex 또는 **노드**Node라고 하며, 각 점의 이름을 **키**Key라고 합니다. 각 점에는 **페이로드**Payload라는 추가 데이터가 있을 수 있습니다. 또한 각 점 사이의 연결을 **에지**Edge라고 하며, 점 사이를 이동하는 비용인 **가중치**Weight를 에지에 저장할 때도 있습니다. 예를 들어 지도 데이터를 그래프로 표현하면 [그림 15-1]처럼 각각의 도시는 점, 도시 사이의 거리는 가중치로 나타낼 수 있습니다.

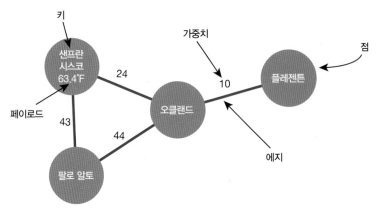

그림 15-1 | 그래프의 표현

그래프에는 방향 그래프, 무방향 그래프, 완전 그래프 등의 다양한 타입이 있습니다. **방향 그래프** Directed Graph 는 각 에지에 방향이 있고, 두 점을 이동할 때 에지의 방향을 따라서 이동하는 그래프입니다. 일반적으로 두 점 사이의 연결은 단방향이지만 양방향도 가능합니다. 방향 그래프는 트위터처럼 팔로우 개념이 있는 소셜 네트워크를 나타낼 때 유용합니다. 예를 들어, 트위터에서 나는 르브론 제임스를 팔로우하지만 제임스는 나를 팔로우하지 않는 관계를 방향 그래프로 표현할 수 있습니다. 일반적으로 방향 그래프를 그릴 때는 [그림 15-2]와 같이 화살표로 에지를 나타냅니다.

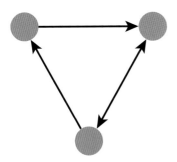

그림 15-2 | 방향 그래프

무방향 그래프 Undirected Graph 는 에지가 양방향인 그래프로, 연결된 두 점은 어떤 방향으로든 이동할 수 있습니다. 페이스북과 같은 소셜 네트워크의 친구 관계를 생각해 볼 수 있습니다. 로건이 해들리의 친구라면 해들리는 로건의 친구입니다. 일반적으로 무방향 그래프를 그릴 때는 [그림 15-3]과 같이 화살표 없는 선으로 에지를 나타냅니다.

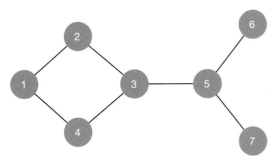

그림 15-3 | 무방향 그래프

완전 그래프 Complete Graph 는 [그림 15-4]와 같이 모든 점이 다른 모든 점과 연결되어 있는 그래프입니다.

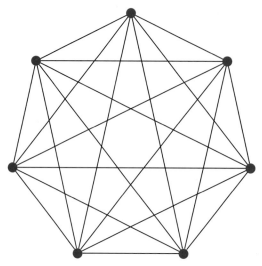

그림 15-4 | 완전 그래프

불완전 그래프 Incomplete Graph 는 [그림 15-5]와 같이 전체 점 중 일부만 연결되어 있는 그래프입니다.

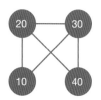

그림 15-5 | 불완전 그래프

그래프의 **경로** Path 는 에지로 연결된 점의 연속을 뜻합니다. 도시를 나타내는 그래프에서 로스앤젤레스와 샌프란시스코 사이의 경로는 로스앤젤레스에서 샌프란시스코로 이동할 때 거치는 에지(도로)의 연속이라고 할 수 있습니다.

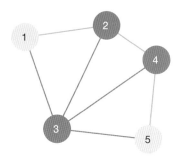

그림 15-6 | 그래프의 경로

사이클Cycle은 시작점과 끝점이 같은 그래프의 경로를 의미하며, **비순환 그래프**Acyclic Graph는 사이클이 포함되지 않은 그래프를 말합니다.

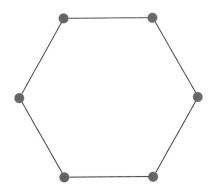

그림 15-7 | 그래프의 사이클

이 개념 중 상당수는 이미 익숙할 것입니다. 앞에서 배웠던 트리는 사실 그래프의 형태 중 하나입니다. 트리는 방향(부모 자식 관계)이 있고, 사이클은 없는 그래프입니다. 자식 노드가 단 하나의 부모 노드만 가질 수 있다는 제한이 있는 비순환 그래프라고 볼 수 있습니다.

프로그래밍으로 그래프를 만드는 방법은 다양합니다. 에지 리스트, 인접 행렬, 인접 리스트 등을 사용할 수 있습니다. **에지 리스트**Edge List는 [그림 15-8]과 같이 그래프의 각 에지를 연결된 두 개의 점으로 표현하는 자료구조입니다.

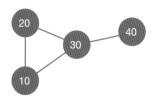

그림 15-8 | 점이 네 개인 그래프

이 그래프는 다음과 같이 에지 리스트로 나타낼 수 있습니다.

```
[
[10, 20]
[10, 30]
[20, 10]
[20, 30]
[30, 10]
[30, 20]
[30, 40]
[40, 30]
]
```

이 에지 리스트는 여러 리스트로 구성되어 있으며, 각 리스트는 그래프의 연결된 점을 포함합니다. 또한 그래프는 인접 행렬로도 표현할 수 있습니다. **인접 행렬**^{Adjacency Matrix}이란 그래프의 점을 포함하는 행과 열의 이차원 배열입니다. 인접 행렬에서 각 행과 열의 교집합으로 에지를 나타냅니다. 인접 행렬에서는 연결된 점을 1로, 연결되지 않은 점을 0으로 나타냅니다. 여기서 **인접**^{Adjacent}이란 두 점이 연결되었다는 의미입니다. [그림 15-9]는 [그림 15-8]의 그래프를 인접 행렬로 표현한 것입니다.

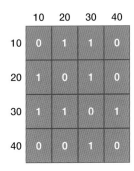

그림 15-9 | 인접 행렬

인접 행렬에는 성긴 셀 또는 빈 셀이라는 문제가 있습니다. [그림 15-9]의 행렬에는 여덟 개의 빈 셀이 있죠. 인접 행렬에는 빈 셀이 많아 메모리를 비효율적으로 사용할 수 있으므로 효율적으로 데이터를 저장하는 방법이라고 할 수 없습니다.

마지막으로 그래프는 인접 리스트로도 나타낼 수 있습니다. **인접 리스트**Adjacency List는 정렬되지 않은 리스트의 집합으로, 리스트가 점 하나의 연결 상태를 나타냅니다. 다음은 [그림 15-8]의 그래프를 인접 리스트로 표현한 것입니다.

```
{
10: [20, 30],
20: [10, 30],
30: [10, 20, 40],
40: [30]
}
```

노드 10은 20, 30과 연결되고, 노드 20은 10, 30과 연결되어 있는 관계를 쉽게 파악할 수 있습니다.

그래프를 사용해야 할 때

앞에서 살펴봤듯이 그래프는 다양한 형태로 구현할 수 있습니다. 일반적으로 그래프에 점이나 에지를 추가하는 작업은 0(1)을 따릅니다. 그래프의 탐색과 삭제, 기타 알고리즘의 실행 시간은 그래프를 구현하는 방법과 그래프의 내부 자료구조(배열, 링크드 리스트, 해시 테이블 등)에 따라 다릅니다. 그래프의 기본 동작은 그래프에 포함된 점이나 에지와 같은 요소의 숫자, 또는 이들의 조합에 따라 성능이 결정됩니다. 그래프는 결국 요소(점)와 그 연결(에지)을 다루는 자료구조이기 때문입니다.

그래프는 여러 상황에서 유용합니다. 인스타그램이나 트위터 같은 소셜 미디어 회사의 소프트웨어 엔지니어는 사람들을 각 점으로, 그들의 관계를 에지로 나타내는 그래프를 자주 사용합니다. 그래프는 네트워크를 구성할 때도 자주 사용되는데, 이 경우 장치는 점으로 나타내고 장치 사이의 유/무선 연결은 에지로 표현할 수 있습니다. 또한 각각의 도시를 점, 도시 사이를 오가는 도로나 버스 및 항공 경로를 에지로 표현해 지도를 만들거나 목적지로 가는 가장 빠른 경로를 찾기도 합니다. 그래프는 컴퓨터 그래픽에서도 유용합니다. [그림 15-10]처럼 그래프의 점과 에지를 사용해 2D나 3D 도형의 점과 선, 평면을 나타낼 수도 있습니다.

그림 15-10 | 그래프의 3차원 도형 표현

탐색 엔진 알고리즘에서는 그래프를 사용해 탐색과 결과의 연관성을 평가하여 탐색의 순위를 결정하고, 운영 체제나 프로그래밍 언어에서는 메모리 관리에 그래프를 사용하기도 합니다.

그래프 만들기

다음은 파이썬에서 인접 리스트를 만드는 코드입니다.

```python
class Vertex:
    def __init__(self, key):
        self.key = key
        self.connections = {}

    def add_adj(self, vertex, weight=0):
        self.connections[vertex] = weight

    def get_connections(self):
        return self.connections.keys()

    def get_weight(self, vertex):
        return self.connections[vertex]

class Graph:
    def __init__(self):
        self.vertex_dict = {}

    def add_vertex(self, key):
        new_vertex = Vertex(key)
        self.vertex_dict[key] = new_vertex

    def get_vertex(self, key):
        if key in self.vertex_dict:
            return self.vertex_dict[key]
        return None

    def add_edge(self, f, t, weight=0):
        if f not in self.vertex_dict:
            self.add_vertex(f)
        if t not in self.vertex_dict:
```

```
            self.add_vertex(t)
        self.vertex_dict[f].add_adj(self.vertex_dict[t], weight)
```

링크드 리스트를 만들 때 노드를 나타낼 클래스를 만들었던 것처럼 Vertex 클래스를 먼저 정
의합니다.

```
class Vertex:
    def __init__(self, key):
        self.key = key
        self.connections = {}

    def add_adj(self, vertex, weight=0):
        self.connections[vertex] = weight
```

Vertex 클래스에는 두 개의 인스턴스 변수 self.key, self.connections가 있습니다. 첫
번째 변수인 key는 점의 키이고, 두 번째 변수인 connections는 점에 인접한 점들을 저장할
딕셔너리입니다.

```
def __init__(self, key):
    self.key = key
    self.connections = {}
```

Vertex 클래스의 add_adj 메서드는 점을 매개변수로 받고, 메서드를 호출한 점의 self.
connections에 이를 추가해 두 점이 연결됐음을 나타냅니다. 이 메서드는 관계의 가중치를
나타내는 weight 매개변수를 추가로 받을 수 있습니다.

```
def add_adj(self, vertex, weight=0):
    self.connections[vertex] = weight
```

그 다음에는 Graph 클래스를 정의합니다. Graph에는 각 그래프의 점을 저장할 인스턴스 변수 self.vertex_dict가 있습니다.

```python
def __init__(self):
    self.vertex_dict = {}
```

add_vertex 메서드는 매개변수로 받은 키를 사용해 Vertex 인스턴스를 만들고, self.vertex_dict에 추가합니다.

```python
def add_vertex(self, key):
    new_vertex = Vertex(key)
    self.vertex_dict[key] = new_vertex
```

get_vertex 메서드는 매개변수로 키를 받고, 해당 점이 self.vertex_dict에 존재하는지 확인합니다.

```python
def get_vertex(self, key):
    if key in self.vertex_dict:
        return self.vertex_dict[key]
    return None
```

마지막으로 add_edge 메서드는 그래프에 있는 점 사이의 에지를 추가합니다.

```python
def add_edge(self, f, t, weight=0):
    if f not in self.vertex_dict:
        self.add_vertex(f)
    if t not in self.vertex_dict:
        self.add_vertex(t)
    self.vertex_dict[f].add_adj(self.vertex_dict[t], weight)
```

이제 다음과 같이 그래프를 만들고 점을 추가할 수 있습니다.

```
graph = Graph()
graph.add_vertex("A")
graph.add_vertex("B")
graph.add_vertex("C")
graph.add_edge("A", "B", 1)
graph.add_edge("B", "C", 10)
vertex_a = graph.get_vertex("A")
vertex_b = graph.get_vertex("B")
```

이 예제에서는 단순함을 위해 두 개의 점이 키를 공유하지 못하도록 작성했습니다.

데이크스트라 알고리즘

그래프를 사용하다 보면 두 점을 잇는 가장 짧은 경로를 찾아야 할 때가 많습니다. **데이크스트라 알고리즘**Dijkstra's Algorithm은 컴퓨터 과학에서 가장 유명한 알고리즘 중 하나로, 점과 점 사이의 가장 짧은 경로를 찾을 때 사용합니다. 유명한 컴퓨터 과학자인 에츠허르 데이크스트라Edsger Dijkstra는 심지어 펜이나 종이도 없이 머릿속에서 단 20분 만에 이 알고리즘을 만들어냈습니다.

데이크스트라 알고리즘은 다음과 같이 작동합니다. 먼저 시작점을 정합니다. 시작점은 말 그대로 그래프에서 다른 점까지의 가장 짧은 경로를 구하려는 대상입니다. [그림 15-11]과 같은 그래프가 있다고 합시다.

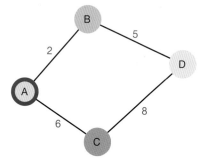

그림 15-11 | 네 개의 점을 가진 그래프

시작점이 A라면 프로그램을 마칠 때는 시작점부터 각 점을 가장 짧은 경로로 연결하는 딕셔너리가 반환될 것입니다.

```
{
"A": 0,
"B": 2,
"C": 6,
"D": 7,
}
```

[그림 15-11]을 보면 알 수 있듯이 A와 D를 연결하는 가장 짧은 경로는 7입니다. A-B-D 패스는 2 + 5 = 7이고, A-C-D는 6 + 8 = 14이기 때문입니다.

[그림 15-12]와 같이 알고리즘을 시작하면 먼저 시작점에서 자신까지의 경로를 0으로, 다른 모든 경로의 길이를 무한대로 설정합니다.

거리:

A: 0

B: ∞

C: ∞

D: ∞

그림 15-12 | 알고리즘을 시작할 때의 설정

이 알고리즘의 핵심은 우선순위 큐입니다. 우선순위 큐를 사용해 너비 우선 탐색을 실행합니다. 우선순위 큐의 주요 목적은 각 점과 시작점으로부터의 거리를 저장하는 것입니다. [그림 15-11]의 그래프에서 이 알고리즘이 어떻게 작동하는지 하나씩 살펴보겠습니다.

알고리즘은 우선순위 큐의 시작점 A에서 시작합니다. 그리고 딕셔너리를 사용해 가장 짧은 경로들을 추적합니다. 앞서 말했듯이 점 A와 자기 자신의 거리는 0이고, 다른 모든 점과의 거리는 무한대입니다. 이 시점에서는 아직 어떤 점에도 방문하지 않았습니다. 어떤 점에 방문한다는 것은 그 점을 우선순위 큐에서 꺼낸다는 것을 의미합니다. 그리고 시작점과 이 점을

잇는 더 짧은 경로를 아직 찾지 못했다면, 이 점과 인접한 모든 점을 확인해 시작점까지 연결되는 더 짧은 경로를 찾습니다. 더 짧은 경로를 찾으면 인접한 점을 우선순위 큐에 넣습니다.

방문하지 않은 점 {A, B, C, D}
우선순위 큐 [(0, A)]
거리 {

A: 0

B: ∞

C: ∞

D: ∞

}

그림 15-13 | 알고리즘을 처음 시작했을 때의 자료구조

이 시점에서 우선순위 큐에는 점이 하나뿐이므로 점 A와 시작점까지의 거리(0)를 우선순위 큐에서 꺼내고, 이 점에 도달하는 더 짧은 경로를 이미 찾았는지 확인합니다. 우선순위 큐에서 새로운 점을 확인할 때 만약 시작점에서 그 점을 잇는 더 짧은 경로를 이미 확인했다면 아무 작업도 하지 않습니다. 알고리즘은 점 A까지 도달하는 더 짧은 경로를 아직 알지 못하므로 점 A에 인접한 점 전체를 순회합니다.

그리고 인접한 점들과 시작점을 잇는 거리를 계산합니다. 우선순위 큐에서 가져온 현재 점의 거리에 인접한 점의 가중치를 더하면 됩니다. 우선순위 큐에는 그 점 자체와 시작점과의 거리, 두 가지 정보가 저장되므로 시작점에서 얼마나 멀리 떨어졌든 시작점과의 거리를 쉽게 계산할 수 있습니다.

인접한 점과 시작점을 잇는 거리가 지금까지 찾은 경로보다 짧다면 딕셔너리에는 새로운 경로를 추가하고, 우선순위 큐에는 인접한 점을 추가합니다. 예제에서는 우선순위 큐에 점 A와 인접한 B, C를 추가하고, 딕셔너리에는 경로를 추가합니다.

방문하지 않은 점 {A̶, B, C, D}
우선순위 큐 [(2, B), (6, C)]
거리 {

A: 0

B: 2

C: 6

D: ∞

}

그림 15-14 | 점 A에 방문한 후의 자료구조

이제 우선순위가 가장 높은(시작점과의 거리가 가장 짧은) 점 B를 우선순위 큐에서 꺼냅니다. 시작점과 B를 잇는 더 짧은 경로를 발견하지 못했으므로 B에서 탐색을 계속합니다. B와 인접한 점을 모두 순회하면서 더 짧은 경로를 발견하면 딕셔너리에 추가하고, 우선순위 큐에도 업데이트합니다. B에 인접한 점은 D가 유일하므로 더 짧은 경로는 찾지 않아도 됩니다. 딕셔너리의 D를 7(2 + 5)로 업데이트하고, 우선순위 큐에는 D와 함께 시작점까지의 거리를 추가합니다.

방문하지 않은 점 {A̶, B̶, C, D}
우선순위 큐 [(6, C) (7, D)]
거리 {

A: 0

B: 2

C: 6

D: 7

}

그림 15-15 | 점 B에 방문한 후의 자료구조

그리고 가장 짧은 경로를 가진 점 C를 우선순위 큐에서 꺼냅니다. C도 D와 인접한 점이지만 C를 거치는 경로는 14(6 + 8)이므로 이미 찾은 경로가 더 짧습니다. 따라서 딕셔너리를 업데이트하지도 않고, C를 우선순위 큐에 다시 추가하지도 않습니다. 더 긴 경로를 무시한다는 것은 다시 방문하지 않는다는 뜻이며, 이것이 이 알고리즘이 효율적인 이유입니다.

방문하지 않은 점 {A̶, B̶, C̶, D}
우선순위 큐 [(7, D)]
거리 {

A: 0

B: 2

C: 6

D: 7

}

그림 15-16 | 점 C에 방문한 후의 자료구조

점 D에는 인접한 새로운(방문하지 않은) 점이 없으므로 우선순위 큐에서 꺼내 알고리즘을
완료합니다.

방문하지 않은 점 {A̶, B̶, C̶, D̶}
우선순위 큐 [ ]
거리 {

A: 0

B: 2

C: 6

D: 7

}

그림 15-17 | 점 D를 방문한 후의 자료구조

다음은 파이썬에서 데이크스트라 알고리즘을 구현한 코드입니다. 이 알고리즘은 앞에서 만든
Graph 클래스가 아니라 딕셔너리의 딕셔너리로 그래프를 예상합니다.

```python
import heapq

def dijkstra(graph, starting_vertex):
    distances = {vertex: float('infinity') for vertex in graph}
    distances[starting_vertex] = 0
    pq = [(0, starting_vertex)]

    while len(pq) > 0:
```

```
            current_distance, current_vertex = heapq.heappop(pq)
            if current_distance > distances[current_vertex]:
                continue

            for neighbor, weight in graph[current_vertex].items():
                distance = current_distance + weight
                if distance < distances[neighbor]:
                    distances[neighbor] = distance
                    heapq.heappush(pq, (distance, neighbor))
    return distances

graph = {
    'A': {'B': 2, 'C': 6},
    'B': {'D': 5},
    'C': {'D': 8},
    'D': {},
}

dijkstra(graph, 'A')
print(dijkstra(graph, 'A'))
```

이 알고리즘은 우선순위 큐에 힙을 사용하므로 먼저 heapq를 가져옵니다. dijkstra 함수는
시작점에서 출발한 가장 짧은 경로를 포함하는 딕셔너리를 반환합니다. 이 함수는 그래프와
시작점을 매개변수로 받습니다.

```
import heapq

def dijkstra(graph, starting_vertex):
```

매개변수인 인접 리스트는 다음과 같습니다.

```
graph = {
    'A': {'B': 2, 'C': 6},
    'B': {'D': 5},
    'C': {'D': 8},
    'D': {},
}
```

dijkstra 함수를 호출할 때는 다음과 같이 그래프와 시작점을 매개변수로 전달합니다.

```
dijkstra(graph, 'A')
```

시작점은 반드시 그래프 안에 존재하는 점이어야 합니다.

함수에서는 **distances** 딕셔너리를 만듭니다. 이 딕셔너리에는 시작점과 각 점 사이의 경로를 저장합니다. 알고리즘이 끝나면 모든 점에 시작점에서 출발하는 가장 짧은 경로가 담길 것입니다. 이 딕셔너리를 만들 때는 리스트 축약과 비슷하지만 딕셔너리에 사용하는 딕셔너리 축약 문법을 사용합니다. 딕셔너리 축약은 파이썬이 무한대를 표현하는 방식인 **float('infinity')**와 각 점을 연결합니다. 각 경로를 무한대로 초기화하는 이유는 아직 계산하지 않은 거리가 이미 계산한 거리보다 커야 하기 때문입니다.

```
distances = {vertex: float('infinity') for vertex in graph}
```

이 코드는 앞에서 만든 딕셔너리(그래프)를 **dijkstra** 함수에 전달하면 다음과 같은 딕셔너리를 만듭니다.

```
{'A': inf, 'B': inf, 'C': inf, 'D': inf}
```

그 다음에는 시작점과 자신의 거리를 0으로 설정합니다.

```
distances[starting_vertex] = 0
```

그리고 우선순위 큐로 사용할 리스트를 만듭니다. 이 리스트는 시작점, 시작점과의 거리(0)를 포함합니다.

```
pq = [(0, starting_vertex)]
```

다음은 우선순위 큐에서 꺼낸 점에 방문하는 코드입니다. 우선순위 큐에 하나 이상의 점이 있는 한 계속 실행해야 하므로 while 루프를 사용합니다. while 루프를 사용해 그래프의 모든 점에 방문합니다.

```
while len(pq) > 0:
```

while 루프에서는 우선순위 큐에서 현재 점, 현재 점과 시작점과의 거리를 계산해 각각 current_vertex, current_distance 변수에 저장합니다. 여기서 '현재 점'이란 우선순위 큐에 있는 점 중에서 시작점과의 거리가 가장 짧은 점을 말합니다. 우선순위 큐는 최소 힙이므로 우선순위 큐에서 꺼내는 점은 항상 최소 거리에 있는 점입니다.

```
current_distance, current_vertex = heapq.heappop(pq)
```

각 점은 시작점과의 거리가 더 짧은 경로를 찾지 못한 경우에만 처리합니다. 현재 점과 시작점과의 거리가 distances 딕셔너리에 이미 기록된 거리보다 큰지를 확인하는 이유입니다. 더 크다면 더 짧은 경로를 이미 알고 있는 것이므로 continue 키워드를 사용해 while 루프의 맨 위로 돌아가 다음 점을 처리합니다.

```
if current_distance > distances[current_vertex]:
    continue
```

current_distance가 distances[current_vertex]보다 작거나 같다면 현재 점과 인접한 점을 순회합니다.

```
for neighbor, weight in graph[current_vertex].items():
```

인접한 각 점에 대해 current_distance와 가중치를 더해 시작점과의 거리를 구합니다. current_distance는 현재 점과 시작점의 거리를 나타내므로 여기에 가중치를 더하면 현재 점을 거쳐 인접한 점으로 이동하는 거리가 됩니다.

```
distance = current_distance + weight
```

그 다음에는 새로 찾은 경로가 distance 딕셔너리에 있는 해당 점의 경로보다 짧은지 확인하고, 짧다면 딕셔너리를 새로운 경로로 업데이트합니다. 그리고 새로운 거리와 점을 우선순위 큐에 넣어 알고리즘이 다음에 방문할 수 있도록 만듭니다.

```
if distance < distances[neighbor]:
    distances[neighbor] = distance
    heapq.heappush(pq, (distance, neighbor))
```

while 루프에서 빠져나왔다면 모든 점을 방문해 처리한 것을 의미하며, distances에는 시작점을 출발해 다른 모든 점에 도착하는 가장 짧은 경로가 저장됩니다. 이제 distances를 반환하기만 하면 됩니다.

```
return distances
```

용어 복습

- **그래프** | 하나의 데이터가 하나 이상의 다른 데이터와 연결되는 추상 데이터 타입
- **점** | 그래프의 데이터
- **페이로드** | 그래프의 점에 포함되어 있는 추가 데이터
- **에지** | 그래프에서 점 사이의 연결
- **가중치** | 점의 이동에 부여되는 중요도
- **방향 그래프** | 각 에지에 방향이 있는 그래프. 두 점 사이를 이동할 때 한 방향으로만 이동함
- **무방향 그래프** | 에지의 방향이 양방향인 그래프
- **완전 그래프** | 모든 점이 다른 모든 점과 연결된 그래프
- **불완전 그래프** | 일부 점은 연결되고, 연결되지 않은 점도 있는 그래프
- **경로** | 에지로 연결된 점의 연속
- **사이클** | 시작점과 끝점이 같은 경로
- **비순환 그래프** | 사이클이 포함되지 않은 그래프
- **에지 리스트** | 그래프의 각 에지를 연결된 두 개의 점으로 표현하는 자료구조
- **인접 행렬** | 그래프의 점을 행과 열로 표현하는 2차원 배열
- **인접** | 직접 연결된 두 점의 관계
- **인접 리스트** | 점의 연결을 표현하는 정렬되지 않은 리스트의 집합
- **데이크스트라 알고리즘** | 점과 점을 잇는 가장 짧은 경로를 찾는 알고리즘

연습문제

1. 데이크스트라 알고리즘을 수정하여 하나의 매개변수를 더 받도록 만들어 보세요. 수정한 알고리즘은 세 번째 매개변수가 포함된 경로만 반환해야 합니다.

독학 멘토

일론 머스크

> 대학이나 고등학교에 진학할 동생을 둔 모든 친구들에게 내가 할 수 있는 최선의 조언은 프로그래밍을 배우라는 겁니다.
>
> 마크 저커버그 Mark Zuckerberg

일론 머스크는 혁신적인 기업인 테슬라, 스페이스 X, 페이팔의 창업자로 잘 알려져 있습니다. 하지만 머스크는 기업가로 성공해 세계 최고의 부자가 되기 훨씬 이전부터 매우 단순한 생각에 사로잡혀 있었습니다. 바로 비디오 게임을 만들고 싶다는 것이었죠. 게임을 좋아했던 아이는 어떻게 억만장자가 될 수 있었을까요? 머스크의 게임에 대한 관심은 프로그래밍을 배우게 된 계기가 되었습니다.

머스크는 남아프리카에서 나고 자랐으며, 열 살 무렵부터 컴퓨터에 흥미를 가지기 시작했습니다. 하루에 열 시간씩 책을 읽을 정도로 뭔가에 빠지면 헤어나오지 못하는 타입이었죠. 비디오 게임에도 푹 빠져 있었는데요. 훗날 머스크는 비디오 게임에 대한 애정이 프로그래밍을 배우게 된 계기라고 설명했습니다.

> "직접 게임을 만들고 싶었죠. 내가 만든 게임이 작동하는 모습을 보고 싶었어요.
> 아마 그것 때문에 컴퓨터 프로그램을 배우게 됐다고 생각합니다."

머스크가 처음 배운 프로그래밍 언어는 BASIC이었습니다. 1960년대에 널리 쓰였던 BASIC은 1980년대에도 여전히 많은 컴퓨터에서 사용했습니다. 머스크는 6개월 동안 학습할 책을 사흘 만에 완독해 버렸죠. 그리고 오래 지나지 않아 12살이 되던 1984년, 첫 번째 비디오 게임 블라스타^{Blastar}를 만들었습니다. 에일리언 인베이더^{Alien Invaders}를 보고 만들었다는 블라스타는 치명적인 빔을 피하면서 수소폭탄을 실은 우주선을 격추하는 슈팅 게임이었습니다.

PC & 오피스 테크놀로지라는 회사가 블라스타를 500달러에 사겠다고 제안했습니다. 머스크는 첫 번째 프로그래밍 도전에서 벌써 돈을 버는 방법을 배운 것입니다. 블라스타는 그의 인생에서 중요한 전환점이 되었고, 몇 가지 중요한 경험을 남겼습니다. 책을 읽고 코드를 좀 짜다 보면 직접 비디오 게임을 만들 수 있고, 겨우 12살이라는 나이에 프로그래밍으로 돈을 벌 수도 있다는 것이었습니다.

하지만 머스크는 여기서 멈추지 않았습니다. 17살이 되던 해, 몬트리올에 사는 큰아버지와 함께 살 계획으로 남아프리카를 떠나 캐나다로 향했습니다. 문제는 머스크가 캐나다에 도착했을 때 큰아버지는 이미 미네소타로 이사한 후였다는 것이었죠. 하지만 포기하지 않았습니다. 다른 친척을 찾아 거의 2,000마일을 이동해 지낼 곳을 찾아냈습니다. 여전히 10대였지만 생계를 위해 서스캐처원^{Saskatchewan}의 농장에서 일했고, 밴쿠버에서 통나무를 베고 보일러를 청소했습니다.

머스크는 1989년 온타리오에 있는 퀸즈 대학교에 입학했습니다. 대학교에서 사귄 친구에게 이렇게 말했다고 합니다.

> "먹지 않고도 살 수 있는 방법이 있다면 난 먹는 시간도 아껴서 일을 하고 싶어.
> 식당에 앉아 있는 시간도 아깝단 말이야."

그의 열정은 활활 타오르고 있었습니다. 머스크는 기숙사 방에서 컴퓨터를 만들어 팔기도 했습니다.

> "저는 사람들이 상점에서 컴퓨터를 사는 것보다 더 저렴하게 사람들이
> 원하는 컴퓨터를 만들어 줄 수 있었습니다. 사람들이 원하는 건 간단한 게임이나
> 단순한 워드 프로세서 정도인데, 그 정도는 값싸게 만들 수 있었거든요."

머스크는 '악마의 게임'이라는 수식어를 갖고 있는 '시드 마이어의 문명Civilization' 같은 게임에도 꽤 많은 시간을 투자했습니다. 프로게이머가 되는 것도 생각해 봤다고 합니다. 그러나 그는 펜실베이나 대학교로 옮긴 뒤 비즈니스와 관련된 기술에 관심을 갖기 시작했습니다. 어렸을 때부터 머스크의 열정을 이끌어낸 원동력은 게임이었지만 이제는 세상에 영향을 미칠 수 있는 중요한 인물이 되고 싶었습니다. 머스크는 이런 의문을 품었습니다.

"저는 정말로 컴퓨터 게임을 좋아해요. 하지만 아주 훌륭한 컴퓨터 게임을 만든다고 그게 세상에 얼마나 영향을 끼칠 수 있을까요? 아마 큰 영향은 없겠죠. 아주 어릴 때부터 게임을 사랑했지만 그걸 직업으로 가질 수는 없을 것이라고 생각했어요."

학교를 다니면서 자신이 뭐든 남들보다 빨리 배우는 능력이 있다는 사실을 깨달았습니다. 이미 이때부터 태양열 발전이나 우주, 인터넷, 전기 자동차에 관심이 있었습니다. 학부에서 경제학과 물리학 학사를 전공한 뒤 스탠포드 대학교에서 에너지 물리학 박사 학위를 받기 위해 캘리포니아로 이사를 했습니다. 하지만 이사 직후 실리콘밸리의 매력에 빠져 이틀 만에 박사 과정을 포기해 버렸죠.

그 대신 Zip2라는 회사를 만들어 온라인 도시 가이드 서비스를 제공했고, 1999년 3억 달러 이상의 금액을 받고 회사를 매각했습니다. 이후 머스크는 페이팔, 테슬라, 스페이스 X, 보링 컴퍼니 등 우리가 알 만한 여러 회사를 창업했고, 이들 중 대다수가 성공했습니다. 독학으로 프로그래밍을 배웠던 열정이 마침내 그를 세계에서 가장 성공한 기업가로 이끈 것입니다.

다음 단계는?

> 지구에 사는 대부분의 사람에게 디지털 혁명은 아직 시작되지도 않았습니다. 하지만 향후 10년 안에 모든 것이 변할 겁니다. 모든 사람이 프로그래밍을 하는 그 날을 위하여!
>
> — 에릭 슈미트 Eric Schmidt

이 책의 기술적인 부분을 모두 잘 마무리했습니다. 훌륭합니다. 여러분의 노력은 분명 결실을 맺을 것입니다. 이제 소프트웨어 엔지니어로 향하는 길 위에 섰습니다. 이 책을 선택하고 독학하는 커뮤니티의 일원이 된 여러분에게 감사의 말씀을 전합니다. 많은 영감을 주는 사람들을 만날 수 있는 훌륭한 경험이었고, 여러분의 성공담을 들어 볼 차례도 곧 올 것이라고 믿습니다. 마지막 챕터이니만큼 앞으로 나아가야 할 방향과 도움이 될 만한 몇 가지 자료에 대해 얘기해 보겠습니다.

준비하기

잠시 시간을 갖고, 독학으로 여기까지 온 자신을 축하해 봅시다. 여러분은 단순히 프로그래밍 방법뿐만 아니라 컴퓨터 과학의 여러 기본 개념도 이해했습니다. 알고리즘을 사용해 다양한 문제를 해결할 수 있고, 두 알고리즘을 비교해 어떤 것을 사용할지도 빠르게 결정할 수 있습니다. 여러분은 재귀 알고리즘으로 문제를 간결하게 해결하며, 다양한 방법으로 데이터를 탐색하고 정렬할 수 있습니다. 다양한 자료구조에 익숙해졌고, 각각의 구조가 무엇인지에 그치지 않고, 언제 어떻게 사용해야 하는지도 알게 되었습니다. 전보다 훨씬 더 다양한 도구를 갖춘 개발자로 성장한 것입니다.

프로그래밍의 지식만 늘어난 것이 아닙니다. 좀 더 연습하면 기술 면접을 통과해 소프트웨어 엔지니어라는 직업도 가질 수 있습니다. 그럼 이제 뭘 해야 할까요? 그 답은 여러분이 전문적인 프로그래밍 경험을 얼마나 쌓았는지에 따라 다릅니다. 이미 경험이 있다면 다음 내용은 넘어가도 됩니다. 아직 프로그래밍 경험이 없고, 취업의 가능성을 높이고 싶다면 계속 읽어 보세요.

프리랜서 경력 쌓기

독학하는 개발자가 마주치는 첫 번째 난제는 아무 경험도 없는 상태에서 직업을 구해야 한다는 것입니다. 아주 고전적인 문제입니다. 취업을 하려면 경력이 필요한데, 경력을 쌓으려면 취업을 해야 합니다. 성공한 사람들의 후기에 답이 있습니다. 저는 이 방법을 '프리랜서 래더 오르기Climbing the Freelance Ladder'라고 부릅니다. 저 역시 규모 있는 회사에서 일했던 경험이 전무한 상태에서 이베이eBay 소프트웨어 엔지니어로 입사했습니다.

저는 이베이에 취업하기 전에 프리랜서 개발자로 일했습니다. 제가 이베이에 취업할 수 있었던 가장 큰 이유는 처음부터 크게 욕심부리지 않았기 때문이라고 생각합니다. 처음에는 글로벌 프리랜서 플랫폼인 엘란스Elance을 통해 소소한 일거리를 구했습니다. 지금은 업워크Upwork라는 이름으로 바꾼 이 플랫폼은 프리랜서를 위한 사이트입니다. 프리랜서를 채용할 사람이 구인 공고를 내면 구직자가 지원하는 시스템이죠. 프리랜서닷컴Freelancer.com이나 파이버Fiverr 같이 업워크와 비슷한 사이트도 있습니다. 처음 맡았던 일의 보수는 대략 25달러 정도였습니다. 하지만 일을 마치기까지 꽤나 시간이 걸렸기 때문에 시간당 보수가 좋다고 할 수는 없었습니다. 버는 돈은 적었지만 경험을 쌓을 수 있었죠. 저를 고용했던 사람이 제가 프로젝트에서 한 일에 매우 만족스러웠다며 남긴 다섯 개의 별점 덕분에 조금 더 쉽게 다음 프로젝트에 들어갈 수 있었습니다. 다음 프로젝트에서도 역시 열심히 일하고 받은 다섯 개의 별점을 점점 더 큰 프로젝트로 이어 나갔습니다. 마침내 천 달러짜리 프로젝트에도 참여했죠.

프리랜서 말고는 회사에서 개발자로 일한 경험이 없었기 때문에 이베이에 면접을 볼 때는 이렇게 프리랜서로 참여했던 여러 프로젝트들을 소개하면서 저의 능력을 강조했습니다. 다양한 프로젝트에 참여했던 프리랜서 경력은 면접에서 꽤 경쟁력 있는 요소로 작용했고, 결국 취업에 성공했습니다. 프리랜서 경험이 없는 상태로 이곳 저곳에 지원했다면 어땠을까요? 어쩌면 당장 취업에 성공했을 수는 있지만 첫 발을 잘못 들여 이후 커리어 전체를 망치는 결과가 됐을지도 모릅니다.

전문적인 경험 없이 소프트웨어 개발자 면접에 바로 응시하는 실수는 하지 마세요. 업워크 같은 구직 플랫폼에 가입해 25달러짜리 일이라도 할 수 있는 일을 해보세요. 그렇게 쌓은 평가와 경험으로 프리랜서 래더를 오르며 점점 더 큰 프로젝트에 참여하세요. 여러분의 충분한 경험이 원하는 회사에서 소프트웨어 개발자로 일하기 위한 최선의 준비가 될 것입니다.

면접에 응시하는 요령

소프트웨어 개발자로서의 첫 직장은 비즈니스 전문 소셜 미디어인 링크드인LinkedIn을 통해 얻었습니다. 구직자에게 링크드인은 지금도 여전히 한줄기 빛과 같은 사이트라고 생각합니다. 어느 정도 프리랜서의 경력을 쌓았다면 링크드인 프로필을 업데이트하는 것에 시간을 투자하기 바랍니다. 프로필을 작성할 때는 반드시 프리랜서 경험을 최근 직장으로 작성하고, 직급이나 직함을 소프트웨어 개발자로 표기해야 합니다. 회사에서 근무했던 경험이 있다면 인사 담당자에게 연락해 여러분의 프로그래밍 기술이 꽤 괜찮았다는 평가 의견을 남겨 달라고 부탁하는 것도 좋은 방법입니다.

링크드인에 프로필을 업데이트했다면(물론 이력서도 업데이트해야 합니다) 이제 네트워킹을 시작할 때입니다. 내가 일하고 싶은 다섯에서 열 군데 정도의 회사를 선정한 다음, 그 회사의 인사 담당자나 다른 팀원들과 소통할 방법을 찾아보세요. 많은 회사들이 개발자 고용에 어려움을 겪고 있으므로 직원이 추천한 개발자가 환영받는 경우가 많습니다. 그런 회사에 응시해 합격한다면 서로에게 도움되는 결과가 될 것입니다.

또한 Meetup.com과 같은 오프라인 인맥 커뮤니티에서 함께 할 네트워크 그룹을 구하거나 새로운 사람을 만날 수도 있습니다. 아니면 Angel.co나 Indeed.com과 같은 취업 지원 사이트에서 직접 응시할 수도 있습니다.

기술 면접을 준비하는 방법

직업을 얻으려면 결국 기술 면접을 통과해야 합니다. 충분한 시간을 투자해야 한다는 이야기입니다. 기술 면접을 준비하는 기간에 명확한 기준이 있는 것은 아니지만 최소 2~3개월은 전력으로 준비하는 것이 좋습니다. 물론 지원하는 회사의 경쟁률에 따라 이 기간은 크게 달라지겠죠.

보통 페이스북, 아마존, 애플, 넷플릭스, 구글/알파벳과 같이 인기 있는 회사에 지원하는 개발자들이 6개월이 넘는 기간을 기술 면접 준비에 투자한다는 것은 별로 놀라운 일이 아닙니다. 반면, 명확한 방향성을 가진 스타트업에 지원한다면 몇 주 정도만 집중적으로 준비해도 충분할 수 있습니다.

또한 매일 최소 몇 시간 이상은 리트코드^{LeetCode} 등의 코딩 교육 사이트에 올라오는 문제들을 풀어 보길 권합니다. 리트코드는 기술 면접을 준비할 때 꼭 참고해야 하는 사이트 중 하나입니다. 이 사이트에서는 알고리즘과 자료구조를 연습할 수 있는 수천 개의 문제와 정답을 제공하고 있습니다.

지원자들이 기술 면접에서 가장 힘들어 하는 부분 중 하나는 그동안 경험하지 못했던 부자연스러운 분위기에 있습니다. 누군가가 프로그래밍하고 있는 여러분의 등 뒤에 서서 어깨 너머로 코드를 들여다보며 평가하는 상황은 겪어 보지 못했을 것입니다. 또한 개발자는 짧은 제한시간 안에 문제를 해결하는 것에도 별로 익숙하지 않습니다. 그럼에도 불구하고, 이런 인위적인 제약 조건들은 기술 면접에서 반드시 마주하게 될 상황입니다. 프로그래밍 경진대회는 이런 환경에 대비하기에 적합한 해결책이죠. 프로그래밍 경진대회는 코딩을 겨루는 일종의 스포츠입니다. 다른 개발자들과 경쟁하며 컴퓨터 과학 문제를 풀게 됩니다. 시간의 압박을 받으며 문제를 해결하는 것은 기술 면접의 독특한 조건을 미리 경험할 수 있는 가장 좋은 방법이 될 수 있습니다. 몇 번의 기술 면접을 대비하기 위해 경진대회에 참가한 적이 있었는데, 혼자 문제를 연습했던 것보다 훨씬 좋은 성과를 냈습니다. 코드포스Codeforces와 같은 사이트를 활용하면 다른 개발자들과 경쟁하며 문제를 풀어 볼 수 있습니다.

경쟁적 프로그래밍 연습을 충분히 했다고 생각한다면 이제 모의 면접을 연습해 볼 차례입니다. 가능하면 이전에 기술 면접을 경험해 본 소프트웨어 개발자와 함께 모의 면접을 진행해 보는 것이 좋습니다. 친구나 지인 중에 마땅한 사람이 없다면 업워크나 코드멘토Codementor 등의 사이트에서 소프트웨어 개발자를 고용해 볼 수도 있습니다. 몇 시간이라도 모의 면접을 연습하는 것은 훌륭한 투자가 될 것입니다.

참고 자료

여러분도 알다시피 컴퓨터 과학은 방대한 주제입니다. 저는 이 책을 쓰면서 프로그래밍 커리어를 위해 가장 도움이 될 만한 주제들을 선별해 여러분이 독학할 수 있는 책으로 집필하는 것을 목표로 삼았습니다. 바꿔 말하면 이 책에서 다루지 못한 것들도 많다는 의미입니다. 여기에서는 책에서 설명하지 못한 몇 가지 주제들을 간단히 살펴보고, 그 학습 자료도 함께 소개하겠습니다.

이 책에서는 이진 트리 외에 다른 트리의 종류는 거의 설명하지 않았으므로 이진 탐색 트리나 AVL 트리, 파스 트리와 같은 트리도 관심을 갖고 공부해 보기 바랍니다. 또한 널리 쓰이는 모든 정렬 알고리즘을 설명하지도 않았으므로, 기술 면접을 준비하고 있거나 정렬 알고리즘에 대해 더 공부하고 싶다면 힙 정렬, 선택 정렬, 퀵 정렬, 기수Radix 정렬 정도는 공부해 보는 것이 좋습니다.

더 많은 주제들은 다음의 도서들을 참고해 학습해 보세요. 결코 만만한 책들은 아니지만 이제 컴퓨터 과학의 기본을 알고 있으므로 좀 더 쉽게 이해할 수 있을 것입니다.

- 『Introduction to Algorithms』 (한빛아카데미, 2014)
- 『Computer Science Illuminated』 (Jones & Bartlett Learning, 2012)

마치며

제 책을 선택한 독자 분들께 감사의 인사를 드립니다. 저는 이 책을 쓰면서 무척 즐거웠습니다. 여러분도 저만큼 즐겁게 읽었기를 바랍니다. 질문이나 제안이 있다면 '독학하는 개발자' 페이스북 그룹에 언제든 들러 주세요. 제 블로그(https://selftaught.blog)에서 소식지를 구독해 독학 커뮤니티의 최신 소식을 받아 볼 수도 있고, @coryalthoff를 태그해 소셜 미디어로 소통할 수도 있습니다. 독학하는 개발자들에게 더 큰 도움이 되기를 바랍니다.

응원을 보냅니다!

찾아보기